**Sprechen Sie Klingonisch wie ein Einheimischer!
Lernen Sie die Sprache mit Hilfe von einfachen Sätzen:**

Was willst du? — **nuqneH**
(Begrüßung) (Aussprache: nook-NEKH)

Das ist ungünstig. — **Do'Ha'**
(Aussprache: do-KHA)

Ich verstehe nicht. — **jIyajbe'**
(Aussprache: ji-YAJ-be)

Das ist nicht mein Fehler. — **pIch vIghajbe'**
(Aussprache: pich vi-ghaj-BE)

Beam mich an Bord! — **HIjol**
(Aussprache: khi-JOL)

SPACE SHOP

Besuchen Sie auch unser Ladenlokal:

HEEL BÜCHER
HAUPTSTRASSE 354
(Fußgängerzone)
53639 KÖNIGSWINTER
Tel.: (02223) 23026, Fax: (02223)23027
Keine Bestellannahme unter
diesen Nummern!

Falls diesem Buch kein Gesamtprospekt
beiliegt, fordern Sie ihn KOSTENLOS unter
unserer HOTLINE an:

BESTELL-HOTLINE: (0531) 799079
BESTELL-FAX: (0531) 795939
Persönliche Bestellannahme 9:00 - 18:00 Uhr

Unsere Schweizer Kunden wählen bitte:
BESTELL-HOTLINE: 01/7850989
BESTELL-FAX: 01/7845828

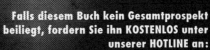

BESTELL-ANNAHME 24h

Das offizielle Wörterbuch

Klingonisch/Deutsch
Deutsch/Klingonisch

von Marc Okrand

HEEL

HEEL Verlag GmbH
Wintermühlenhof
53639 Königswinter
Tel. 0 22 23 / 92 30-0
Fax 0 22 23 / 92 30 26

Die in diesem Buch erwähnten Plätze, Geschehnisse und Personen sind vom Autor frei erfunden. Ähnlichkeiten mit lebenden oder bereits toten Personen sind daher rein zufällig.

Die Originalausgabe ist erschienen bei:
POCKET BOOKS, einem Unternehmen der Simon & Schuster Inc.
1230 Avenue of the Americas, New York, NY 10020

Copyright © 1985 by Paramount Pictures
Addendum copyright © 1992 by Paramount Pictures. All rights reserved.

STAR TREK ist ein registriertes Markenzeichen der Paramount Pictures.
Die Originalausgabe wurde unter Lizenz der Paramount Pictures veröffentlicht.

Deutsche Ausgabe:
Copyright © 1996 durch die HEEL AG, Schindellegi, Schweiz
– Alle Rechte vorbehalten –

Verantwortlich für den Inhalt:
Marc Okrand

Übersetzung:
Jens Helmig

Eine Vervielfältigung oder Veröffentlichung des Inhalts – auch auszugsweise – ist nur mit ausdrücklicher Genehmigung des Verlages erlaubt.

Printed in Germany

ISBN 3-89365-544-1

INHALTSVERZEICHNIS

Einführung	9
1. Die Lautlehre des Klingonischen	13
1.1 Die Konsonanten	13
1.2 Die Vokale	16
1.3 Die Betonung	17
2. Grammatikalischer Überblick – Einführung	19
3. Nomen	20
3.1 Einfache Nomen	20
3.2 Komplexe Nomen	20
3.2.1 Zusammengesetzte Nomen/N-Komposita	20
3.2.2 Verben auf **-wI´**	21
3.2.3 Andere komplexe Nomen	21
3.3 Suffixe	22
3.3.1 Typ 1: Augmentative/Diminutive	22
3.3.2 Typ 2: Numerale	23
3.3.3 Typ 3: Qualifikation	26
3.3.4 Typ 4: Possession/ Spezifikation	27
3.3.5 Typ 5: Syntaktische Markierungen	29
3.3.6 Relative Ordnung der Suffixe	32
3.4 Nomen-Nomen-Verbindungen	33
4. Verblehre	35
4.1 Pronominale Präfixe	35

DAS KLINGONISCHE WÖRTERBUCH

4.1.1	Normative Präfixe	35
4.1.2	Imperativpräfixe	37
4.1.3	Notationskonventionen	38
4.2 Verbsuffixe		38
4.2.1	Typ 1: Reflexivkonstruktionen: sich selbst/ sich gegenseitig	38
4.2.2	Typ 2: Volition/ Prädisposition	39
4.2.3	Typ 3: Wechsel	41
4.2.4	Typ 4: Kausation	41
4.2.5	Typ 5: Indefinite Subjekte/Möglichkeit	42
4.2.6	Typ 6: Qualifikation	43
4.2.7	Typ 7: Aspekt	44
4.2.8	Typ 8: Ehrbezeugung	47
4.2.9	Typ 9: Syntaktische Markierungen	47
4.2.10	Relative Ordnung der Suffixe	49
4.3 „Wanderer"		51
4.4 Adjektive		55

5\. Andere Wortarten 57
 5.1 Pronomen 57
 5.2 Numerale 58
 5.3 Konjunktionen 61
 5.4 Adverbiale 62
 5.5 Exklamationen 64
 5.6 Namen und Anreden 65

6\. Syntax 66
 6.1 Einfache Sätze/Hauptsätze 66
 6.2 Komplexe Sätze 68
  6.2.1 Zusammengesetzte Sätze 68
  6.2.2 Nebensätze 69
  6.2.3 Relativsätze 70
  6.2.4 Finalsätze 72
  6.2.5 Sätze als Satzobjekte 73
 6.3 Das Verb „sein" 75
 6.4 Fragen 76
 6.5 Befehle/Aufforderungen 78
 6.6 Komparative und Superlative 78

7\. Umgangssprache/„Beschnittenes Klingonisch" 80
 7.1 Befehle/Aufforderungen 80

DAS KLINGONISCHE WÖRTERBUCH

7.2 Erwiderungen	82
7.3 Erregung/Zwang	82
Wörterverzeichnis	84
Vorbemerkung	85
Klingonisch – Deutsch	88
Deutsch – Klingonisch	125
Klingonische Affixe	163
Deutscher Index zu klingonischen Affixen	166
Anhang: Liste nützlicher klingonischer Phrasen	170
Addendum	174

EINFÜHRUNG

Das Klingonische ist die Amtssprache des klingonischen Imperiums. Bis vor kurzer Zeit waren nur einige wenige Nicht-Klingonen in der Lage, genug Klingonisch zu lernen, um mit einem Muttersprachler eine fruchtbare Kommunikation beginnen zu können. Mittlerweile sind unter der Organisation des Föderalen Ministeriums für Wissenschaftliche Forschung erste Studien mit dem Zweck der Aufzeichnung und Analyse der klingonischen Sprache und Kultur unternommen worden, deren Endziel, nebst diversem Unterrichtsmaterial, die Erstellung einer umfassenden Enzyklopädie alles Klingonischen ist. Das vorliegende Wörterbuch vereint in sich die ersten Erfolge dieser Unternehmungen.

Das Wörterbuch ist in zwei Hauptteile untergliedert: einen grammatikalischen Überblick und ein Wörterverzeichnis.

Der grammatikalische Teil vermittelt dem Leser einen Überblick der klingonischen Grammatik, ohne jedoch Anspruch auf Vollständigkeit zu erheben; trotzdem wird er dem Leser nach seinem Studium ermöglichen, einzelne klingonische Wörter zu sinnvollen Sätzen gruppieren zu können. Obwohl der größere Teil der aufgeführten grammatikalischen Regeln von klingonischen Linguisten zusammengestellt worden ist, bleibt folgendes anzumerken. Grammatikalische Regeln, die mit den Worten „immer" oder „niemals" in ihrer Gültigkeit beschrieben werden, beziehen sich auf ein reines Klingonisch. Im tatsächlichen Sprachgebrauch werden diese Regeln jedoch gebrochen oder ignoriert. Der grammatikalische Überblick dieses Buches beschreibt also, sogar in den Augen der meisten klingonischen Linguisten, ein „reines" bzw. „Hoch"-Klingonisch.

DAS KLINGONISCHE WÖRTERBUCH

Da die Untersuchungen bei weitem noch nicht abgeschlossen sind, ist auch das sich anschließende Wörterverzeichnis in seinem Umfang stark eingeschränkt, es existieren selbstverständlich weit mehr klingonische Ausdrücke als die hier verzeichneten. Drei Gruppen von Wörtern sind in unserem Rahmen in jedem Fall unterrepräsentiert. Nebst wissenschaftlichen Ausdrücken sind dieses nahezu alle Wörter, mit denen einheimische Werkzeuge, wirtschaftliche Angelegenheiten sowie Begriffe aus heimischer Flora und Fauna ausgedrückt werden sowie zu guter Letzt alle Begriffe, die mit klingonischem Nahrungsgebrauch – oder Erwerb zusammenhängen. Die Analyse wissenschaftlicher Ausdrücke ist Untersuchungsgegenstand einer detaillierteren Studie, die gerade für eine Veröffentlichung vorbereitet wird. Die Wörter, mit denen im Klingonischen Werkzeuge beschrieben oder deren Gebrauch ausgedrückt werden, sind für eine Übertragung ins Deutsche noch nicht genug erfaßt, dieses gilt ebenso für die Begriffe des wirtschaftlichen Handelns. Einheimische Tiere und Pflanzen sind noch zu wenig erforscht, um diese semantisch hinreichend erfassen zu können. Dem Leser sei jedoch versichert, daß die angesprochenen Auslassungen in der projektierten klingonischen Enzyklopädie gebührende Beachtung finden werden. Das Fehlen von Ausdrücken aus dem Bereich Nahrung und Ernährung erklärt sich leider durch fehlende Forschungskapazitäten. Es gab Probleme, ein Forschungsteam zu diesem semantischen Bereich zusammenzustellen. So lange dieser Wortschatz nur oberflächlichst dargestellt werden kann, haben die Verfasser auf eine Veröffentlichung ihrer Ergebnisse verzichtet.

Das Wörterverzeichnis wird ohne jeden Zweifel in Zukunft an Umfang zunehmen, zumindest in dem Maße, wie dem Institut Möglichkeiten der Erforschung zur Verfügung stehen. Trotzdem können bereits zu diesem frühen Zeitpunkt einige Muster klingonischer Kommunikation erfaßt werden. Ein Beispiel ist das offensichtliche Fehlen von Ausdrücken, die in unserer Sprache durch Grußworte wie Hallo!, Wie geht es dir? oder Guten Morgen! performiert werden. Eine nähere Betrachtung dieses Phänomens ergab, daß derartige Formeln im Klingonischen nicht existieren. Bei der Begegnung zweier Klingonen wird zu diesem Zweck ein Ausdruck verwendet, der bestenfalls mit: Was willst du? übersetzt werden kann, wobei hiervon militärische Begegnungen ausgenommen sind. Im Gegensatz zu den meisten Sprechern der deutschen Sprache, die eine Konversation mit neutralen Bemerkun-

EINFÜHRUNG

gen zur Gesundheit des Gegenübers oder bezüglich des Wetters einleiten, scheinen Klingonen dahin zu tendieren, mit dem Wesentlichen zu beginnen.

Obwohl Klingonen stolz auf ihre Sprache sind und sich gelegentlich in breiten Diskussionen über deren Ausdruckskraft und Schönheit ergehen, haben sie das Klingonische als für den Gebrauch außerhalb der eigenen Domäne ungeeignet erkannt. Aus diesem Grund hat die klingonische Regierung gemeinsam mit vielen anderen Regierungen das Englische als lingua franca aller intra- und intergalaktischen Kommunikation anerkannt. Im allgemeinen wird das Englische nur von Angehörigen der oberen Klassen, einschließlich der militärischen und politischen Führung, erlernt. Hieraus ergeben sich für den Gebrauch des Englischen zwei Funktionen in der klingonischen Gesellschaft. Zum einen wird es als Statussymbol oder Rangabzeichen gebraucht: Diejenigen Klingonen, die die englisch Sprache beherrschen, verwenden es untereinander um ihre außergewöhnliche Position zu verdeutlichen und beweisen ihren gesellschaftlichen Status hierdurch auch unfreiwilligen Zuhörern ihrer Gespräche. Zum anderen wird das Englische dann verwendet, wenn es darum geht, Diener, Soldaten oder auch die allgemeine Öffentlichkeit von einer Kommunikation auszuschließen. So wird der Kommandierende eines klingonischen Schiffes seine Befehle in der Muttersprache erteilen, sich mit seinen Offizieren jedoch vermutlich auf englisch verständigen. Umgekehrt wird sich ein klingonischer Offizier in Gegenwart von Nicht-Klingonen natürlich stets der Muttersprache bedienen. Ein derartiger Gebrauch des Klingonischen scheint sich als effektiv erwiesen zu haben und wird demzufolge vermutlich auch weiterhin gepflegt werden.

Das Klingonische kennt ein Vielzahl von Dialekten. Von diesen führt das vorliegende Buch nur einen, denjenigen des momentanen klingonischen Herrschers auf. Wenn es zur Ersetzung eines klingonischen Herrschers, aus welchen Gründen auch immer, kommt, war es bisher immer der Fall, daß der neue Herrscher stets auch Sprecher eines, bezüglich seines Vorgängers, anderen Dialektes gewesen ist, der daraufhin in den Rang des offiziellen oder herrschenden Dialektes erhoben wurde. Diejenigen Klingonen, die nach einem Machtwechsel keine Sprecher des herrschenden Dialektes waren, wurden für gewöhnlich als zumindest dumm oder sogar subversiv verurteilt und bekamen dementsprechend in Zukunft nur noch untergeordnete oder unbeliebte Aufgaben zu-

DAS KLINGONISCHE WÖRTERBUCH

gewiesen. Die meisten Klingonen sind bemüht, sich in verschiedenen Dialekten des Klingonischen fließend auszudrücken. Manche Dialekte unterscheiden sich nur unwesentlich von dem hier vorgestellten. Unterschiede sind hauptsächlich auf der Ebene des Vokabulars (es existiert nahezu in allen Dialekten ein eigener Ausdruck für die Stirn) und in der Artikulation bestimmter Phoneme anzutreffen. Andererseits differieren manche Dialekte so stark, daß die jeweiligen Sprecher signifikante Verständnisprobleme gegenüber dem offiziellen klingonischen Dialekt vorweisen, wodurch die Kommunikation z.t. erheblich gestört wird.
Für denjenigen, der im Begriff ist, sich des Klingonischen zu bemächtigen, sei bemerkt, daß er zunächst die jeweilige politische Situation auskundschaften sollte, bevor er die ersten Verständigungsversuche unternimmt.
Das Klingonische verfügt über ein ursprüngliches Notationssystem, genannt **pIqaD**, welches sich als brauchbar für die Darstellung der verschiedensten Dialekte erwiesen zu haben scheint. Diese Schriftsprache ist bis heute jedoch noch nicht vollständig ausgewertet worden und findet daher im vorliegenden Wörterbuch keine Verwendung. Statt dessen wird im folgenden ein Schriftsystem vorgestellt und verwendet, das auf dem englischen Alphabet basiert. Ein Artikel für die klingonische Enzyklopädie, der sich den Details von **pIqaD** widmet, ist in Vorbereitung.
Als Notationskonvention wurde für den grammatikalischen Teil des Wörterbuches eine Darstellung des Klingonischen in fett gesetzten und für das Deutsche in kursiv gesetzten Typen festgelegt: **tlhIngan** *Klingonisch.*
Der Autor möchte an dieser Stelle dem Institut für Wissenschaftliche Forschung seinen Dank für die Bereitstellung der Mittel aussprechen, welche das Wörterbuch in der vorliegenden Form erst ermöglicht haben. Weiteren Dank soll allen Mitgliedern des Föderalen Institutes für Interlingualität gezollt werden, die sich durch ihre konstruktive Kritik bei der Durchsicht früherer Fassungen des Buches unentbehrlich gemacht haben.
Zu guter Letzt soll dem klingonischen Informanten der gebührende Dank für die Bereitstellung der Daten ausgesprochen werden, auf denen das Wörterbuch im wesentlichen basiert. Obwohl ein Gefangener der Föderation, arbeitete er viele Stunden daran, daß sein Wissen den Mitgliedern der Föderation nun zur Verfügung gestellt werden kann. Maltz, wir danken Dir!

1. DIE LAUTLEHRE DES KLINGONISCHEN

Die einzelnen Laute des Klingonischen, Konsonanten wie Vokale, sind ohne komplexe phonologische und anatomische Terminologien nur schwierig zu beschreiben. Im folgenden soll also nur eine Einführung in die Betonung und Betonungsschwierigkeiten des Klingonischen gegeben werden. Der beste Weg zu einer korrekten Aussprache ohne jeden terranischen oder anderweitigen Akzent, ist der, sich einer Gruppe von Klingonen freundschaftlich zu nähern und eine längere Zeit mit ihnen zu verbringen. Nur wenige Nicht-Klingonen sprechen das Klingonische akzentfrei. Das Notationssystem für das Klingonische wurde so gewählt, daß Sprecher des Englischen mit entsprechenden alphabetischen Kenntnissen keine Probleme haben sollten, sich der Aussprache des so aufnotierten Klingonischen zu bemächtigen.

1.1 Die Konsonanten

b auszusprechen wie *Bronchitis* oder *Bauer*. Einige Klingonen betonen diesen Laut, als würde man **m** und **b** simultan aussprechen. Sprecher des Deutschen können sich dieser Betonungsweise nähern, indem sie das Wort *Ambulanz* ohne den einleitenden a-Laut auszusprechen üben. Wenige Klingonen sprechen das **b** stets wie ein **m**.
ch auszusprechen wie der c-Laut im italienischen Wort *Ciao*.

DAS KLINGONISCHE WÖRTERBUCH

D ähnelt dem d-Laut in *Dame* oder *Adrenalin*, doch der Lautwert ist nicht ganz derselbe. Der d-Laut wird im Deutschen erzeugt, indem die Zungenspitze an den Teil des Gaumens gelegt wird, der unmittelbar den oberen Schneidezähnen folgt. Dem klingonischen **D** kann sich ein Sprecher des Deutschen nähern, indem er die Zungenspitze an den Gaumen zwischen dem weichen Palatal und der Zahnreihe legt, also dort, wo der Gaumen relativ hart ist. Ähnlich dem klingonischen **b** wird es von manchen Sprechern wie **nd** und von einer kleinen Minderheit nur als **n** betont, natürlich mit derselben Zungenstellung wie ein **D**.

gh- keine lautliche Entsprechung. Es kann erzeugt werden, indem man die Zunge in dieselbe Position setzt, als wollte man im Deutschen *Gauner* sagen, doch bleibt die Zunge entspannt und der Laut wird von einem Summ- oder Brummton begleitet. Es ähnelt dem klingonischen **H** (siehe unten), doch wird begleitet von einer Vibration der Stimmbänder.

H auszusprechen wie der Rachenlaut in *Bach*. Im Gegensatz zu **gh** vibrieren die Stimmbänder nicht.

j auszusprechen wie der Anlaut in *Jamaika*, niemals wie im französischen *jour*.

l auszusprechen wie der Anlaut in *Lunge* oder der l-Laut in *Alchimie*.

m auszusprechen wie in *Mutter* oder *Ambulanz*. Die wenigen Klingonen, die **b** wie **m** aussprechen, würden klingonisch **baH** *Feuere (einen Torpedo)* und **maH** *wir* gesprochen nur durch den Kontext der Äußerung unterscheiden können.

n auszusprechen wie der entsprechende Laut in *Nabel* oder *Sonne*. Diejenigen Klingonen, die das **D** ähnlich dem **n** betonen, können diesen Laut leicht und für sich verständlich artikulieren. Selbst wenn das **D** dem **n** ähnlich ist, wird es mit der klingonischen Zungenposition für **D** und nicht der deutschen Position für den d-Laut ausgesprochen. Das klingonische **n** wird in der Zungenstellung artikuliert wie das *d* im Deutschen.

ng auszusprechen wie der Diphtong in *Vorhang*, niemals getrennt. Dieser Laut wird niemals zu Anfang eines deutschen Wortes artikuliert, jedoch kann es bei einer Reihe von klingonischen Ausdrücken erscheinen. Sprecher des Deutschen können den Gebrauch dieses Lautes trainieren, indem sie das Wort *Bangemann* ohne den Anlaut *ba* auszusprechen versuchen.

p auszusprechen wie in *Panther* oder *Operation*. Der plosive Laut wird immer kräftig, niemals weich betont. Sprecher des Deutschen

DIE LAUTLEHRE DES KLINGONISCHEN

möchten die Aussprache vielleicht ohne den Austritt von Speichel trainieren, angemerkt sei jedoch, daß die Klingonen sich über diesen physischen Nebeneffekt im allgemeinen wenig Gedanken machen.

q ähnlich dem deutschen *k* in *Katastrophe*, doch ist der Lautwert nicht ganz derselbe. Die Zungenposition des deutschen Lautes *k*, ähnelt in Klingonisch **gh** und **H**. Um ein klingonisches **q** auszusprechen, muß der Mittelteil der Zunge den Gaumen weiter zum Rachenraum hin berühren als für ein **gh** oder **H**. Tatsächlich reicht die Zunge in der korrekten Aussprache beinahe zurück bis zur Uvula (dem Gaumenzäpfchen), wodurch die Aussprache des **q** eher einem Würgen oder Röcheln ähnelt. Der Laut wird für gewöhnlich von einem leichten plosiven Aushauch begleitet. Sprecher des Deutschen seien daran erinnert, daß **q** niemals in einer Kombination mit *u* anzutreffen ist, eine Aussprache des **q** wie in *Quitte* weist das Klingonische nicht auf.

Q besitzt keine lautliche Entsprechung. Seine Aussprache ist dem **q** ähnlich, doch wird der Auslaut stark übertrieben und weist eine gutturale Färbung auf, wodurch es einer Mischung aus Klingonisch **q** und **H** darstellt.

r entspricht einem stark gerollten r-Laut. Im deutschen Sprachraum ist er vor allem in Norddeutschland, im englischen Sprachraum in Schottland anzutreffen.

S entspricht einer Mischung aus *s* und *sch*. Die Zungenspitze wird dabei in dieselbe Stellung gebracht wie beim klingonischen **D**.

t entspricht dem t-Laut in *Trampolin* oder *Achtung*. Vom klingonischen **D** unterscheidet es sich zweifach: erstens wird es ähnlich dem klingonischen **p** vom einem plosiven Aushauch begleitet, zweitens entspricht die Zungenstellung derjenigen, um das **D** zu artikulieren, die Zungenspitze befindet sich jedoch wesentlich weiter vorn.

tlh findet keine Entsprechung im Deutschen, ähnelt jedoch sehr stark dem Auslaut in dem aztekischen Wort *tetl* mit der Bedeutung *Ei*, natürlich nur, wenn dieses richtig artikuliert wird.

Um **tlh** richtig auszusprechen, wird die Zungenspitze in dieselbe Position gebracht, als ob ein **t** artikuliert werden soll, doch die Zungenränder werden auf beiden Seiten nach unten gezogen und die Luft durch die entstandene Öffnung zwischen Zunge und Zähnen gepreßt. Der Laut wird mit großer Reibung produziert, so daß die Warnung, die bei der Beschreibung der Artikulation von **p** ausgesprochen worden ist, nur noch einmal wiederholt werden kann.

DAS KLINGONISCHE WÖRTERBUCH

v ähnelt dem Anlaut in *Vogel*.
w im Normalfall auszusprechen wie in *Warnung*. In manchen Fällen, besonders wenn der Sprecher nachdenklich ist oder besonnen formuliert, wird es stärker betont und ähnelt dann dem **Hw** oder dem **Huw**.
y auszusprechen wie der j-Laut in *Jugend* oder *Jodeln*.
´- das Apostroph bezeichnet einen Laut, der zwar auch im Deutschen vorkommt, jedoch nicht notiert wird. Es ist dies der so genannte Stimmritzenverschluß bzw. das Stimmritzenknacken. Man kann sich den Laut verdeutlichen, wenn man zwei Silben z.b. *uh-oh* mit viel Luft oftmals wiederholt. Wenn ein Klingone an das Ende eines Wortes gelangt, so wiederholt er häufig den Vokal, der vor dem **´** gelegen ist wie ein leises Echo. In korrekter klingonischer Aussprache würde also das Wort **je´** *füttern* wie **je´ e** ausgesprochen, wobei das zweite **e** nur als ein leises Wispern zu hören ist. Wenn **´** dem **w** oder **y** am Ende eines Wortes folgt, erscheint oftmals ein **u** oder **I** als gewispertes Echo. Manchmal ist dieses Echo recht deutlich zu vernehmen, insbesondere in Verbindung mit einem gutturalen Laut wie ein **gh**. So kann zum Beispiel der Ausdruck **yIII´** *Übertragung!* oftmals eher wie **yIII´ghI** klingen. Dieses besonders starke Echo tritt vor allem dann auf, wenn der Sprecher aufgeregt oder wütend ist.

1.2 Die Vokale

Im Klingonischen werden fünf Vokale artikuliert.

a auszusprechen wie in *Ampel* oder *Lama*.
e auszusprechen als kurzes *e* wie der erste Vokal in *Treppe*.
I auszusprechen wie ein kurzes *i* in *Ritter* oder *Klinge*. Manchmal wird das **I** lang ausgesprochen, vergleichbar zu *Zucchini* oder *Igel*, diese Verwendung ist selten und die Gründe für ihr Auftreten sind bislang noch nicht geklärt.
o kurz auszusprechen, ähnlich den Vokalen in *Otto* oder *Mops*.
u stets lang auszusprechen, wie in *Untergrund* oder *Bruno*, niemals wie im Englischen *but* oder *cute*.

In Kombination mit **w** oder **y** verändert sich die Klangfarbe der Vokale.

DIE LAUTLEHRE DES KLINGONISCHEN

Klingonisch	Lautwert	Beispiel
aw	*au*	*kauen, Miau*
ay	*ei*	*Meister, weinen*
ey	*aei*	wie in engl. *pay*
Iy	*i* (lang)	*Igel, widerlich*
oy	*eu*	*Teufel*

Die Verbindung **uy** erinnert an den *ui* wie in *Guinea* oder frz. *Louis*. **ew** entspricht keinem Laut im Deutschen, kann jedoch artikuliert werden, wenn man das klingonische **e** und **u** gemeinsam auszusprechen versucht, ähnliches gilt für **Iw**, dem man sich am besten nähert, indem **I** und **u** zusammen ausgesprochen werden. Es gibt keine klingonischen Wörter, welche die Verbindung **ow** oder **uw** aufweisen, gäbe es sie, wären diese Verbindungen von Wörtern, die auf **o** oder **u** enden, nicht zu unterscheiden.

1.3 Die Betonung

Jedes klingonische Wort, das aus mehr als einer Silbe aufgebaut ist, enthält im Normalfall eine betonte Silbe. Die Betonung wird erreicht durch eine leichte Steigerung der Tonhöhe des Leitvokals und etwas mehr Kraft bei der Aussprache der Silbe.

In einem Verb ist diese betonte Silbe normalerweise das Verb selbst, worin sich eine Abgrenzung zu Präfixen und Suffixen auszudrücken scheint. Wenn allerdings ein Suffix auf ´ endet und durch mindestens eine Silbe vom Verb selbst getrennt ist, wird sowohl das Suffix auf ´ als auch das Verb betont. Dazu kommt, daß wenn die semantische Betonung im Kontext auf einer Suffixbedeutung liegt, diese anstatt des Verbs betont wird. Suffixe der Emphase (Abschnitt 4.3) oder Verneinung werden oftmals betont, ebenso wie die Suffixe des Fragens (Abschnitt 4.2.9).

In einem Substantiv steht die betonte Silbe für gewöhnlich vor dem ersten Substantivsuffix oder an letzter Stelle, wenn kein Suffix angehängt wird. Wenn jedoch eine Silbe auf ´ endet, wird diese statt dessen betont. Wenn zwei gleichwertige Silbe auf ´ enden werden beide gleichermaßen betont.

Zum Schluß muß noch bemerkt werden, daß es einige Worte im Klingonischen gibt, in denen es zu Varianzen in der Silbenbetonung kommt, das heißt, die betonte Silbe scheint von Situation zu Situation oder von Sprecher zu Sprecher zu wechseln. Dieses Phänomen konnte bis heute nicht ergründet werden, so daß es von den

DAS KLINGONISCHE WÖRTERBUCH

oben angegebenen Regeln nicht erfaßt werden kann. Nichtsdestoweniger garantiert ein Einhalten der oben genannten Regeln im allgemeinen die richtige Silbenbetonung und Verständlichkeit. Die Betonung wird in dem im Wörterbuch verwendeten Notationssystem für das Klingonische nicht berücksichtigt.

2. GRAMMATIKALISCHER ÜBERBLICK – EINFÜHRUNG

Es ist im Rahmen eines Buches wie diesem nicht möglich, eine vollständige Übersicht der Grammatik des Klingonischen zu geben. Das Folgende ist nichts anderes als eine Skizze der wesentlichen grammatikalischen Eigenheiten der klingonischen Sprache. Obwohl viele Feinheiten der Sprache keine Berücksichtigung finden, versetzt das Studium der grammatikalischen Einführung den Studenten der Sprache in die Lage, die Äußerungen eines Klingonen zu verstehen und verständliche, wenn auch manchmal etwas ungeschliffene Antworten zu geben. Die meisten Klingonen werden diesen Unterschied jedoch ohnehin nicht bemerken.
Die folgende Einführung gliedert sich in der Behandlung der Grammatik in drei grobe Teile: Nomen bzw. Substantive, Verben und die Darstellung des Verbleibenden.

3. NOMEN

Das Klingonische kennt verschiedene Typen von Nomen oder Substantiven.

3.1 Einfache Nomen

Einfache Nomen sind, ähnlich wie im Deutschen oder im Englischen, einfache Worte, z.B. **DoS** *Ziel* oder **QIH** *Zerstörung*.

3.2 Komplexe Nomen

Zusammengesetzte Nomen bestehen, wie der Name bereits sagt, aus mehr als einem Wortelement.

3.2.1 Zusammengesetzte Nomen/N-Komposita

N-Komposita sind Wörter, die aus zwei oder drei eigenständigen Nomen zusammengesetzt sind. Das Klingonische ist dem Deutschen in dieser Hinsicht ähnlich, da beide Sprachen sehr reich an solchen Kompositionen sind. Ein Beispiel im Deutschen ist die berühmte Donau-Dampf-Schiff-s-Kapitän-s-Mütze. Ein klingonisches Beispiel wäre **jolpa´** *Transporterraum*. Das Wort besteht aus den beiden Nomen **jol** *Transporterstrahl* und **pa´** *Raum, Zimmer*.

NOMEN

3.2.2 Verben auf -wI´

Der zweite Typ zusammengesetzter Nomen besteht in einem Verb mit einem angehängten Suffix, welches die Bedeutung *jemand/ein Ding, welches etwas tut/bewirkt*. Im Deutschen lautet das entsprechende Suffix *-er*, wie in *Arbeit-er*, jemand der arbeitet oder *Bohr-er*, etwas, das bohrt. Das entsprechende klingonische Suffix erscheint zum Beispiel in **baHwI´** *Schütze*, welches aus dem Verb **baH** *Feuere (einen Torpedo o.ä.)* und **wI´** *jemand, der feuert (z.B. einen Torpedo)* besteht. So bedeutet also **baHwI´** *jemand, der einen Torpedo feuert*. **So´wI´** *Tarnvorrichtung* kommt von dem Verb **So´** *schützen, bemänteln* und **wI´**. **So´wI´** ist also, in diesem Fall, eine Ding, welches bemäntelt oder tarnt.

Ein Nomen, das aus einer solchen Verbindung aus Verb und Suffix besteht, ist ein gewöhnliches Nomen und kann zusammen mit anderen Nomen ein N-Kompositum bilden. Ein Beispiel ist das klingonische Wort **tIjwI´ghom** *Entergruppe*; es besteht aus den Elementen **tIj** *entern, einsteigen*, dem Suffix **wI´** *jemand, der einsteigt oder entert* und dem Nomen **ghom** *Gruppe*. Wörtlich übersetzt bedeutet **tIjwI´ghom** also *Gruppe von Leuten, die allesamt entern*.

3.2.3 Andere komplexe Nomen

Es existieren im Klingonischen eine ganze Reihe von Nomen, die zwei oder mehr Silben lang sind, die aber nicht in demselben Sinne als N-Komposita gelten, wie diejenigen, die oben beschrieben werden.

Diese Nomen waren möglicherweise einmal als Komposita gebildet worden, aber eines oder alle der hierfür verwendeten Nomen sind in Vergessenheit geraten oder werden als eigenständige Worte aus anderen Gründen nicht mehr verwendet, so daß es ohne tiefergehende etymologische Forschungen unmöglich ist, zu sagen, was die einzelnen Komponenten des Wortes für sich bedeuten. Ein Beispiel ist das Wort **´ejyDo´** *Raumschiff*. Die Silbe **´ej** begegnet ebenfalls in **´ejyo** *Sternenflotte*, doch gibt es keine bekannten klingonischen Worte **´ej, Do´** oder **yo´**, die irgend etwas mit der Sternenflotte, der Föderation oder wie auch immer gearteten Raumfahrzeugen zu tun hätten. Es ist möglich, daß **Do´** ein altes klingonisches Wort für *Raumschiff* ist (ein modernes Wort hierfür ist **Duj**), das nur noch in dem Begriff ´**ejDo**´ verwendet wird, doch bleibt dieses ohne weitergehende Untersuchungen natürlich nur eine bare Vermutung.

3.3 Suffixe

Allen Nomen, ob einfache, zusammengesetzte oder N-Komposita, können ein oder mehrere Suffixe folgen. Wenn zwei oder mehr Suffixe an einem Nomen verwendet werden, müssen sie in einer festgelegten Abfolge erscheinen. Suffixe können bezüglich ihrer relativen Lage in der Nachfolge des Nomens klassifiziert werden, welche der Einfachheit halber von eins bis fünf durchnumeriert werden können; Suffixe der Klasse 1 folgen direkt dem Nomen, Suffixe der Klasse 2 denjenigen der ersten Klasse, bis hin zu denen des Typs 5, die am Ende des Komplexes erscheinen. Dieses kann wie folgt illustriert werden:

NOMEN-1-2-3-4-5

Wenn kein Suffix der Klasse 1 verwendet wird, folgt ein Suffix der Klasse 2 natürlich direkt dem Nomen, wird nur ein Suffix der Klasse 5 verwendet, erscheint es ebenfalls direkt hinter dem Nomen. Die relative Abfolge wird also nur dann eingehalten, wenn mindestens zwei Suffixe verwendet werden.
Jede Suffixklasse beinhaltet mindestens zwei Suffixe, doch kann in einem Komplex jeweils nur ein Suffix einer Klasse verwendet werden. Ein Nomen kann also zum Beispiel mit einem Suffix der Klasse 4, nicht jedoch mit zwei oder drei Suffixen derselben Klasse 4 verbunden werden.
Die Suffixklassen und die in ihnen enthaltenen Morpheme gliedern sich wie folgt:

3.3.1 Typ 1: Augmentative/Diminutive

- ´**a**´ Augmentativ

Dieses Suffix bezeichnet ein Verhältnis des Nomens zu etwas Größerem, Wichtigerem oder Mächtigerem.

SuS *Wind*   **SuS´ a** ´ *starker Wind, Sturm*
Qagh *Fehler*   **Qagh´a**´ *großes Versäumnis, unentschuld-*
                            barer Fehler

NOMEN

woQ *Macht, Stärke*   **woQ´a´** *letzte, endgültige, ultimative Stärke*

- Hom Diminutiv

Das genaue Gegenteil des augmentativen Suffixes. Es indiziert, daß das Nomen zu seiner Verkleinerung referiert, verkleinert wird, weniger wichtig ist, als wenn es ohne das Suffix auftritt.

SuS *Wind*   **SuSHom** *Lufthauch*
roj *Frieden*   **rojHom** *Waffenstillstand, vorläufiger Friede*

3.3.2 Typ 2: Numerale

Wie im Deutschen verfügt das Nomen im Klingonischen nicht über ein spezielles Suffix, welches anzeigt, daß es im Singular steht: **nuH** *Waffe* bezeichnet eine einzelne Waffe, gleich welchen Typs. Im Gegensatz zum Deutschen bedeutet der Mangel eines spezifischen Pluralsuffixes nicht, daß das Nomen singularisch verwendet wird. Im Klingonischen kann ein Nomen ohne ein Pluralsuffix auf mehr als eine Entität referieren. Die Pluralität wird entweder durch ein Verbpräfix (siehe Kapitel 4.1), einen eigenständigen Terminus (Kapitel 5.1) oder durch den Kontext angezeigt. Zum Beispiel kann sich das Wort **yaS** *Offizier* auf einen einzelnen Offizier oder eine Gruppe von Offizieren beziehen, in Abhängigkeit von anderen Wörtern im Satz oder vom Gesprächskontext.
Vergleichen Sie die folgenden Beispiele:

> **yaS vImojpu´** *Ich bin Offizier geworden.*
> **yaS Dimojpu´** *Wir sind Offiziere geworden.*
>
> **yaS jIH** *Ich bin (ein) Offizier.*
> **yaS maH** *Wir sind Offiziere.*

Im ersten Satzpaar besteht der einzige Unterschied in den verschiedenen Verbpräfixen (im vorliegenden Buch nur partiell beschrieben, siehe Kapitel 4.1): **vI-** *Ich*, **DI-** *Wir*. Im zweiten Satzpaar besteht ein Unterschied zwischen den Pronomen: **jIH-** *Ich*, **maH-** *Wir*.
Unter bestimmten Umständen ist der einzige Weg zu entscheiden, ob von einer oder mehreren Entitäten die Rede ist, die Interpreta-

DAS KLINGONISCHE WÖRTERBUCH

tion des Kontextes. So kann **yaS mojpu'** mit *er/sie ist (ein) Offizier geworden* oder *sie sind Offiziere geworden* übersetzt werden. Diejenigen, die an einem Gespräch teilnehmen, in dem dieser Satz verwendet wird, werden vermutlich aus dem Kontext heraus wissen, auf wieviele Personen dieser Satz bezogen werden muß, um seine korrekte Bedeutung erfassen zu können. Glücklicherweise ist es für einen Studenten des Klingonischen niemals falsch, ein Pluralsuffix einem Nomen anzufügen, wenn er sich im Satz auf mehrere Personen beziehen will, auch wenn die Beifügung im klingonischen Sprachgebrauch redundant sein kann. Dementsprechend ist sowohl **yaS maH** als auch **yaSpu'maH** korrekt, beide Sätze haben die Bedeutung *Wir sind Offiziere* (**-pu'** ist ein Pluralsuffix). Auf der anderen Seite kann im Klingonischen kein Pluralsuffix an ein Nomen angehängt werden, welches sich nur auf ein Subjekt bezieht, besonders, wenn der Satz zusätzlich ein Pronomen enthält. Der Satz **yaSpu' jiH** *Ich bin Offiziere* ist im Klingonischen wie in der deutschen Übersetzung gleichermaßen falsch. Das Klingonische kennt drei verschiedene Pluralsuffixe.

-pu': Pluralsuffix für Lebensformen, die sich einer (gesprochenen) Sprache bedienen.

Dieses Suffix kann verwendet werden, um die Pluralität von Klingonen, Terranern, Romulanern, Vulkaniern usw. anzuzeigen, nicht aber für niedere Tiere aller Art, Pflanzen, unbelebte Objekte, elektromagnetische oder anderer Strahlen, Wellen etc.

yaS *Offizier*   **yaSpu'** *Offiziere*
Duy *Unterhändler (sing.)* **Duypu'** *Unterhändler (Pl.)*

-Du': Pluralsuffix für Körperteile.

Dieses Suffix findet Verwendung, wenn es sich auf Körperteile von Lebewesen bezieht, die einer Sprache mächtig sind oder es generell auf alle anderen Tiere verweist.

qam *Fuß*   **quamDu'** *Füße*
tlhon *Nasenloch*   **tlhonDu'** *Nasenlöcher, Nüstern*

-mey: Pluralsuffix aller Nomen.

NOMEN

mID *Kolonie* **mIDmey** *Kolonien*
yuQ *Planet* **yuQmey** *Planeten*

Das Suffix kann auch im Zusammenhang mit Lebewesen, die sich einer Sprache bedienen, verwendet werden, also mit Nomen, die den Plural gewöhnlich auf **-pu´** bilden. Ein so verwendetes Suffix bildet eine Konnotation, die man am ehesten mit dem Terminus *überall verstreut, vereinzelt* oder *zerstreut* übersetzen kann. Vergleichen Sie folgende Ausdrücke:

puq *Kind*
puqpu´ *Kinder*
puqmey *überall verstreute Kinder*

Das Suffix **-mey** kann nicht im Zusammenhang mit Körperteilen verwendet werden. Es muß angemerkt werden, daß diese grammatikalische Regel von klingonischen Dichtern des öfteren verletzt wird, um bestimmte Assoziationen in ihren Dichtungen zu provozieren. Formen wie **tlhonmey** *überall verstreute Nasenlöcher,* sind manchmal anzutreffen. Selbst wenn sich Studenten des Klingonischen in der Verwendung solcher Nuancierungen sicher fühlen, ist es trotzdem anzuraten, sich stets an die grammatikalischen Regeln zu halten.

Zum Schluß bleibt anzumerken, daß es im Klingonischen Nomen gibt, die immer pluralische Bedeutung haben und deshalb niemals Träger eines Pluralsuffixes sind.

ray´ *Ziele*
cha *Torpedos*
chuyDaH *Schubkräfte*

Die singularischen Formen dieser Nomen unterscheiden sich deutlich von den pluralischen:

DoS *Ziel*
peng *Torpedo*
vIj *Schubkraft/Stoßkraft*

Die Singularformen können zwar Träger des **-mey** Suffixes sein, doch sie tragen dann stets konnotativ die Nebenbedeutung des Verstreutseins.

DAS KLINGONISCHE WÖRTERBUCH

DoSmey *überall verstreute Ziele*
pengmey *überall verteilte Torpedos*

Nomen mit einem solchen inhärenten Plural werden grammatikalisch als Singularform behandelt, so daß sie z.b. auf Singularpronomen referieren (Kapitel 4.1, 5.1). Zum Beispiel muß in dem Satz **cha yIghuS** *Fertig bei den Torpedos!* oder *Macht die Torpedos zum Feuern bereit!* das Verbpräfix **yI-**, ein Imperativpräfix zur Verwendung gegenüber einzelnen Objekten, verwendet werden, obwohl das Objekt (**cha** *Torpedos*) eine pluralische Bedeutung hat.

3.3.3 Typ 3: Qualifikation

Suffixe dieser Klasse zeigen an, wie sich das Verhältnis des Sprechers gegenüber der Aussage des Nomens verhält, oder, wie sicher der Sprecher ist, daß dieses Nomen adäquat verwendet wird.

-qoq (das) *so genannte*

Dieses Suffix zeigt an, daß das Nomen in einer falschen oder ironischen Art und Weise verwendet wird. Wenn die Rede von **rojqoq** *so genannter Frieden* und nicht von **roj** *Frieden* ist, signalisiert der Sprecher, daß der Frieden nicht legitim oder wenn, nur von kurzer Dauer sein wird.

-Hey *offenbar, augenscheinlich*

Dieses Suffix gibt die Information, daß der Sprecher sich zwar ziemlich sicher ist, daß das Objekt, worauf das Nomen referiert, akkurat beschrieben ist, er aber trotzdem Zweifel hat. Wenn zum Beispiel der Scanner eines klingonischen Schiffes die Anwesenheit eines Objektes meldet, und der Offizier, der die Nachricht weitergibt, annimmt, es handele sich dabei um ein fremdes Raumschiff, er sich jedoch nicht völlig sicher ist, wird er dieses Objekt eher mit dem Ausdruck **DujHey** *ein anscheinendes Fahrzeug, wahrscheinlich ein Fahrzeug* beschreiben, als es einfach **Duj** *Fahrzeug* zu nennen.

-na´ *definitiv, sicherlich*

Das Gegenteil von **-Hey**. Das Suffix zeigt an, daß es für den Spre-

NOMEN

cher nicht den geringsten Zweifel an der Genauigkeit des von ihm gewählten Ausdrucks gibt. Wenn also derselbe klingonische Offizier wie oben von der Anwesenheit eines Fahrzeuges überzeugt ist, wird er die Präsenz eines **Dujna´** melden, die definitive, unbezweifelbare Anwesenheit eines Schiffes.

3.3.4 Typ 4: Possession/ Spezifikation

Die vierte Suffixklasse der Nomen ist mit Abstand die größte, da sie alle besitzanzeigenden und hinweisenden Suffixe enthält.

Die possessiven Suffixe sind:

-wIj *mein*	**-maj** *unser*
-lIj *dein*	**-raj** *euer*
-Daj *sein, ihr, sein*	**-chaj** *ihre*

Als Beispiel: **juH** *Heim, Haus*, **juHwIj** *mein Haus*, **juHlIj** *dein Haus*, **juHchaj** *ihr Haus* etc.

Wenn das Objekt, das besitzt wird, ein Lebewesen ist, das in der Lage ist, sich sprachlich zu verständigen, so gibt es im Klingonischen darüber hinaus noch vier weitere Suffixe, für die Besitzer in der zweiten und ersten Person:

-wI´ *mein*	**ma´** *unser*
-lI´ *dein*	**-ra´** *euer*

Diese Suffixe erscheinen in Ausdrücken wie **joHwI´** *mein Fürst* und **puqlI´** *dein Kind*. Es ist grammatikalisch korrekt, bei der Sprache mächtigen Lebewesen das reguläre Possessivpronomen zu verwenden (wie in **puqlIj** *dein Kind*), aber solche Verwendungen haben im Klingonischen eine verächtliche bis abfällige Konnotation; **joHwIj** für *mein Fürst* berührt nahezu ein Tabu. Studenten des Klingonischen sollten sich dieses stets vor Augen halten.

Um anzuzeigen, daß zwei Nomen in einem Besitzverhältnis zueinander stehen, verwendet das Klingonische kein eigenes Suffix. Die Nomen stehen vielmehr in der Ausdrucksfolge Besitzer – Besitz: **jagh nuH** *Feindes Waffe* (wörtlich *Feind Waffe*). Diese Konstruktion wird auch für Phrasen verwendet, die im Deutschen mit einem Genitivpronomen (*dessen, deren*) übersetzt werden müs-

DAS KLINGONISCHE WÖRTERBUCH

sen: die *Waffe der Feinde* (siehe hierzu auch Kapitel 3.4).
Des weiteren existieren zwei Suffixe, durch welche die räumliche Nähe des Sprechers zum Referenzobjekt des Nomens spezifiziert wird.

-vam *dieses (hier)*

Dieses Suffix zeigt an, daß das Referenzobjekt in unmittelbarer Nähe zum Sprecher situiert ist, oder das so indizierte Nomen den Hauptgegenstand der Konversation bildet.

nuHvam *diese Waffe (hier, direkt bei mir)*
yuHvam *dieser Planet (von dem wir gerade sprechen)*

In Verbindung mit einem pluralischen Nomen (angezeigt durch ein Pluralsuffix oder ein inhärentes Pluralnomen (plurale tantum) wird **-vam** mit *diese* übersetzt.

nuHmeyvam *diese Waffen*

-vetlh *dieses (dort)*

Dieses Suffix zeigt an, daß das Referenzobjekt des Nomens nicht in unmittelbarer Nähe situiert ist oder es nicht den untergeordneten Konversationsgegenstand bildet.

nuHvetlh *diese Waffe (dort drüben)*
yuQvetlh *dieser Planet (im Gegensatz zu dem, von dem wir gerade sprechen)*

In Verbindung mit einem Nomen im Plural (s.o.) wird **-vetlh** mit *diese* übersetzt.

nuHmeyvetlh *diese Waffen*

Das Klingonische kennt keine äquivalenten Ausdrücke zu *der, die, das* und *ein, eine, eines*. Bei der Übersetzung aus dem Klingonischen müssen diese Worte aus dem Kontext erschlossen und hinzugefügt werden. In diesem Buch werden sie bei den Übersetzungen hinzugefügt, um den Sätzen im Deutschen eine größtmögliche Glätte zu verleihen.

NOMEN

3.3.5 Typ 5: Syntaktische Markierungen

Die Suffixe dieser Gruppe beschreiben die Funktionen des Nomens im Satz. Wie im Deutschen wird die Verwendung eines Nomens als syntaktisches Subjekt oder Objekt durch seine Position im Satz bestimmt. Im folgenden Beispiel sind beide Sätze aus denselben Worten aufgebaut, doch haben sie je nach Wortstellung eine unterschiedliche Bedeutung.

Hunde jagen Katzen.
Katzen jagen Hunde.

Subjekte und Objekte sind im Klingonischen ebenfalls durch die Wortstellung bestimmt (Kapitel 6.1). In anderen Fällen legt das Deutsche die Funktion von Nomen im Satz durch das Hinzufügen von anderen Wörtern, meistens Präpositionen, fest. Im folgenden Satz legt der Ausdruck *um...herum*, in welchem das Wort *Kanarienvögel* eingebettet ist, fest, daß die Kanarienvögel weder jagen noch gejagt werden:

Hunde jagen Katzen um Kanarienvögel herum.

Das Klingonische kennt gleichermaßen Morpheme, die Nomen in ihrer Satzfunktion spezifizieren, sofern es sich bei dieser nicht um einen Gebrauch als Subjekt oder Objekt des Satzes handelt. Im Gegensatz zum Deutschen wird dieses Morphem als Suffix positioniert.

-Daq Lokativ, Ortsangabe

Dieses Suffix zeigt an, daß etwas in der unmittelbaren räumlichen Gegenwart des nominalen Ausdruckes, an den es angehängt ist, geschieht, geschehen wird oder geschehen ist. Normalerweise wird das **-Daq** kontextabhängig mit den deutschen Präpositionen *hin...zu, in, an, bei* oder *auf* übersetzt. Zum Beispiel handelt es sich bei dem Ausdruck **pa´Daq** um eine Verbindung von **pa´** *Raum* mit dem Suffix **-Daq**. Der Ausdruck kann zum Beispiel in Sätzen auftreten, wie:

pa´Daq jjIHtaH *Ich befinde mich im Zimmer* oder
pa´Daq yIjaH *Gehe zu dem Zimmer!*

DAS KLINGONISCHE WÖRTERBUCH

Im ersten Satz wird **jIH** *Ich* im Sinne von *Ich bin* (Kapitel 6.3) verwendet, so daß *in* die naheliegendste Übersetzung von **-Daq** ist. Im zweiten Satz wird das Prädikat aus einem Verb der Bewegung **jaH** *gehen* gebildet, so daß **-Daq** hier am sinnvollsten mit *hin...zu* übersetzt werden kann. Es besteht jedoch keine Verpflichtung, in der Übersetzung eine Präposition zu verwenden. Das klingonische Wort **Dung** bedeutet *darüberliegender Bereich*, so daß **DungDaq** am ehesten mit *hierüber, direkt oben auf* übersetzt werden sollte. In Kapitel 3.4 werden weitere Präpositionalausdrücke vorgestellt werden.

An diesem Punkt muß darauf hingewiesen werden, daß bestimmte Ausdrücke, die im Deutschen durch Adverbien wie *hier, dort* oder *überall* erscheinen, im Klingonischen durch nominale Ausdrücke Verwendung finden: **naDev** *(das) Hierliegende,* **pa´** *(das) Dortliegende,* **Dat** *(das) Überallherumseiende,* etwas eleganter vielleicht *die Gegend im näheren Umkreis, die Gegend im weiter drüben liegenden Umkreis, die Gegend als Ganzes.* Im Gegensatz zu anderen Nomen verbinden sich diese Ausdrücke niemals mit dem Lokativsuffix. Beachten Sie, daß **pa´** *der dort liegende Platz* und **pa´** *Zimmer* gleich artikuliert werden, **pa´Daq** jedoch nur *im Zimmer* oder *hin zu (dem) Zimmer* bedeuten kann.

Es gibt einige wenige Verben, deren Bedeutung eine lokative Konnotation enthält, wie zum Beispiel **ghoS** *Annäherung*. Nomen, die in einem Satz als Objekte solcher Verben verwendet werden, sind gewöhnlich keine Träger des Lokativsuffixes.

Duj ghoStaH *Es nähert sich dem Schiff.*
yuQ wIghoStaH *Wir bewegen uns auf den Planeten zu.*

Wobei **Duj** *Schiff, Fahrzeug,* **ghoStaH** *es, etwas nähert sich* und **yuQ** *Planet,* **wIghoStaH** *wir bewegen uns auf etwas hin* bedeuten. Wenn der Lokativsuffix mit Verben dieser Art trotzdem verwendet wird, ergibt sich daraus zwar eine Redundanz, doch der Satz ist deswegen grammatikalisch nicht falsch.

DujDaq ghoStaH *Es nähert sich dem Schiff, dem es sich nähert.*

-vo *von, weg*

Dieses Suffix ähnelt semantisch dem **-Daq**, wird jedoch nur verwendet, wenn die Bewegung in einer Richtung von etwas weg beschrieben werden soll.

NOMEN

pa´vo´ yIjaH *Geh aus dem Zimmer; Verlasse den Raum!*

-mo´ *in Abhängigkeit von, weil*

Dieses Suffix begegnet uns in Sätzen wie:

SuSmo´joqtaH *Es flattert im Wind.*

Das Nomen **SuSmo´** bedeutet *abhängig vom Wind*, also bedeutet der Satz wörtlich *Es (die Fahne) flattert, weil es windet (weil sie vom Wind abhängig ist)*.

-vaD *für, bestimmt für, gedacht für*

Dieses Suffix bestimmt seinen nominalen Träger gewissermaßen als Empfänger oder Erleider einer Handlung.

Qu´vaD lI´De´vam *Diese Information ist nützlich für die Mission.*

Das Nomen **Qu´vaD** bedeutet *für die Mission, bestimmt für die Mission* und das Suffix **-vaD** kennzeichnet die Mission als dasjenige für das etwas (eine Information) eine bestimmte Relevanz hat.

-´e´ Topisierung

Das Suffix betont ein Nomen als Träger der Handlung, eines Ausrufes oder einer Feststellung. Im Deutschen wird eine solche Topisierung im Satz entweder durch die bloße Betonung des Wortes oder eine spezielle syntaktische Konstruktion (meist die emphatische Wiederholung) erreicht.

lujpu´ jIH´ e ´ *Ich, und nur ich, habe versagt.*
              Ich bin es, der versagt hat.
De ´´ e ´vItlhapnISpu ´ *Ich habe diese INFORMATION gebraucht!*
Es war diese und keine andere Information, die ich gebraucht habe.

Ohne das **-´e ´** gäbe es keine besondere Hervorhebung eines Nomens in den Beispielsätzen.

lujpu´jIH *Ich habe versagt.*

DAS KLINGONISCHE WÖRTERBUCH

De´vItlhapnISpu´ *Ich habe diese Information gebraucht.*
(Für weitere Verwendungen des -´e´ siehe Kapitel 6.3)

3.3.6 Relative Ordnung der Suffixe

Wie zuvor bereits angesprochen, müssen die Suffixe, die an einem Nomen verwendet werden, zueinander in einer korrekten Ordnung nach ihren jeweiligen Klassenzugehörigkeiten stehen. Es ist zwar nicht häufig der Fall, daß ein Nomen von fünf Suffixen begleitet wird, doch es kommt von Zeit zu Zeit durchaus vor. Im Folgenden werden einige Beispiele für Nomen mit zwei oder mehreren Suffixen vorgestellt. Die Klassenzugehörigkeit des Suffixes wird durch Nummern angezeigt.

QaghHommeyHeylIjmo´ *offensichtlich zurückzuführen auf deine kleineren Fehlnisse*

Qagh	(Nomen)	*Fehler*
-Hom	(1)	*Diminutiv*
-mey	(2)	*Plural*
-Hey	(3)	*offensichtlich, offenliegend*
-lIj	(4)	*dein, deine*
-mo´	(5)	*weil, abhängig von* etwas freier *zurückzuführen auf*

pa´wIjDaq *in meinem Quartier*

pa´	(Nomen)	*Zimmer, Raum, Quartier*
-wIj	(4)	*mein*
-Daq	(5)	*Lokativ*

Duypu´qoqchaj *ihre so genannten Unterhändler*

Duy	(Nomen)	*Unterhändler, Abgesandter*
-pu´	(2)	*Plural*
-qoq	(3)	*so genannten*
chaj	(4)	*ihre*

qamDu´wIjDaq *zu meinen Füßen*

quam	(Nomen)	*Fuß*
-Du´	(2)	*Plural*
-wIj	(4)	*mein*
-Daq	(5)	*Lokativ*

NOMEN

rojHom´e´ *Waffenstillstand* (als Gesprächstopos)

roj (Nomen) *Frieden*
-Hom (1) *Diminutiv*
-´e´ (5) *Topisierung*

In den vorangegangenen Beispielen wurde die Verwendung der Suffixe nur zusammen mit einfachen Nomen beschrieben. Das Gesagte gilt jedoch gleichermaßen für zusammengesetzte Nomen, wie sie in Kapitel 3.2 beschrieben worden sind:

DIvI´may´DujmeyDaq *bei, an den Föderationskampfschiffen*

DIvI´may´Duj (Nomen) *Föderationskampfschiff*
-Hom (2) *Plural*
-´e´ (5) *Lokativ*

baHwI´pu´vam *diese Schützen*

baHwI´ (Nomen) *Schütze*
-pu´ (2) *Plural*
-vam (4) *dieser*

3.4 Nomen-Nomen-Verbindungen

Einige Verbindungen von zwei oder mehr Nomen sind im Klingonischen so üblich geworden, daß sie als eigenständige Begriffe gehandhabt werden (Kapitel 3.2.1). Zusätzlich besteht die Möglichkeit, jedes Nomen mit jedem Nomen zu verbinden, so daß ein neuer Begriff entsteht, der jedoch in keinem Wörterbuch verzeichnet ist. Die Übersetzung einer solchen Verbindung wird entweder durch ein Genitivpronomen *deren, dessen* oder durch einen präpositionalen Ausdruck *von dem, für das* realisiert. In der Konstruktion N1-N2 (also Nomen 2 angehängt an Nomen 1) lautet die Übersetzung also *N2 von dem, der N1*. Ein Beispiel: **nuH** *Waffe* wird mit **pegh** *Geheimnis* zu **nuH pegh** *Geheimnis der Waffe* oder alternativ übersetzt *der Waffe Geheimnis*. Wie in Kapitel 3.3.4 handelt es sich hierbei um die klingonische Possessivkonstruktion eines Nomens, das ein zweites „besitzt". Wenn eine solche Nomen-Nomen-Konstruktion verwendet wird, kann nur das Nomen N2 Träger eines Suffixes der syntaktischen Markierung (Typ 5)

DAS KLINGONISCHE WÖRTERBUCH

sein. Beide Nomen können jedoch mit den Suffixen der übrigen Klassen verbunden werden. Drei Beispiele:

nuHvam pegh *Geheimnis dieser Waffe*

nuH	(Nomen)	*Waffe*
-vam	(4)	*diese*
pegh	(Nomen)	*Geheimnis*

jaghpu´ yuQmeyDaq *auf, bei den Planeten der Feinde*

jagh	(Nomen)	*Feind*
-pu´	(2)	Plural
yuQ	(Nomen)	*Planet*
-mey	(2)	Planet
-Daq	(5)	Lokativ

puqwI´ qamDu´ *die Füße meines Kindes*

puq	(Nomen)	*Kind*
-wI´	(4)	*mein*
qam	(Nomen)	*Fuß*
-Du	(2)	Plural

Präpositionalphrasen werden im Klingonischen ebenfalls durch derartige Nomen-Nomen-Verbindungen ausgedrückt. Präpositionen wie *darüber, über* oder *unter, darunter* sind im Klingonischen Nomen, die am ehesten als *Bereich, Raum darüber* bzw. *darunter* übersetzt werden können. Das Lokativsuffix (Kapitel 3.3.5) folgt stets dem zweiten Nomen:

nagh DungDaq *über dem Felsen*

nagh	(Nomen)	*Felsen*
Dung	(Nomen)	darüber, der darüber liegende Bereich
-Du	(5)	Lokativ

Etwas freier ausgedrückt, kann der Ausdruck mit *der Raum, der sich über dem Felsen befindet* oder *der Bereich oberhalb des Felsens* übersetzt werden.

4. VERBLEHRE

Die klingonischen Verben sind meisten einsilbige Morpheme, die mit verschiedenen Affixen verbunden werden (können). Ähnlich wie bei den Nomen, kann ein Verb Träger von Suffixen sein, die nach ihrer relativen Lage zueinander in unterschiedliche Klassen gefaßt werden, von denen es neun an der Zahl gibt. Im Gegensatz zu den Nomen, kann das Verb jedoch zusätzlich Träger von Präfixen sein. Verwendet man zur Darstellung der Suffixklassen Ziffern, ist die Struktur eines klingonischen Verbs folgendermaßen:

Präfix – Verb(stamm) – 1 – 2 – 3 – 4 – 5 – 6 – 7 – 8 – 9

4.1 Pronominale Präfixe

Jedes klingonische Verb beginnt mit einem Präfix, durch welches anzeigt wird, wer oder was die im Verb beschriebene Handlung ausführt und wenn es relevant ist, wer oder was diese Handlung rezipiert bzw. erleidet. In anderen Worten: Die klingonischen Verbpräfixe verweisen sowohl auf das Subjekt als auch auf das Objekt des Satzes.

4.1.1 Normative Präfixe

Die einfachen und notwendigen Präfixe können in einer Tabelle vorgestellt werden; um die Aussage der Tabelle so deutlich wie möglich zu machen, werden dabei einige Formen wiederholt. Be-

DAS KLINGONISCHE WÖRTERBUCH

achten Sie, daß Subjekt wie Objekt das Signifikat ein und desselben Präfixes sind.

Objekt Subjekt	Kein	Mich	Dich	Ihn/ Sie/Es	Uns	Euch	Sie
Ich	jI-	–	qa-	vI-	–	Sa-	vI-
Du	bI-	cho-	–	Da-	ju-	–	Da-
Er/Sie/Es	o	mu-	Du-	o	nu-	lI-	o
Wir	ma-	–	pI-	wI-	–	re-	DI-
Ihr	Su-	tu-	–	bo-	che-	–	bo-
Sie	o	mu-	nI-	lu-	nu-	lI	o

Das Symbol o bedeutet, daß die an dieser Stelle skizzierte Subjekt-Objekt-Kombination durch die Abwesenheit des Verbpräfixes ausgedrückt wird. Das Symbol – bedeutet eine Subjekt-Objekt-Verbindung, die durch das klingonische Verpräfix-System nicht ausgedrückt werden kann. Derartige Ausdrücke müssen durch Suffixe (Kapitel 4.2.1) und/oder Pronomen (Kapitel 5.1) umschrieben werden.

Die Präfixe der ersten Spalte der Tabelle (überschrieben mit „Kein") werden verwendet, wenn es kein Referenzobjekt im Satz gibt, also, wenn die Handlung des Verbs sich nur auf das Subjekt des Satzes bezieht. Das Verb **Qong** *schlafen* wird zum Beispiel mit folgenden pronominalen Präfixen verwendet:

> **jIQong** *ich schlafe*
> **bIQong** *du schläfst*
> **Qong** *er, sie, es schläft, sie schlafen*
> **maQong** *wir schlafen*
> **SuQong** *ihr schlaft*

Im Falle von **Qong** *er/sie/es schläft, sie schlafen* würde das bezeichnete Subjekt entweder an anderer Stelle im Satz genannt oder durch den Kontext erschlossen werden müssen.

Die Präfixe der ersten Spalte werden auch verwendet, wenn ein Referenzobjekt zwar möglich, jedoch unbekannt ist oder nur vage ausgedrückt werden soll. So kann der Ausdruck **jIyaj** *Ich verstehe* verwendet werden, wenn der Sprecher die Dinge im Ganzen versteht, wenn er versteht, was gerade passiert oder verstanden hat, was ein anderer Sprecher gerade äußerte. Der Ausdruck wird

VERBLEHRE

also nicht verwendet, wenn der Sprecher eine Sprache oder eine Person „verstanden" hat. Gleichermaßen kann **maSop** *wir essen* verwendet werden, wenn die Nahrungsaufnahme an sich beschrieben werden soll, nicht jedoch, wenn der Sprecher dabei eine bestimmte Speise in Sinn hat.
Die übrigen Präfixe kombinieren Subjekt und Objekt der Verhandlung. Einige von ihnen werden im Folgenden unter Verwendung des Verbs **legh** *sehen* vorgestellt.

qalegh *ich sehe dich* **cholegh** *du siehst mich*
vIlegh *ich sehe ihn/sie/es* **mulegh** *er/sie/es sieht mich; sie sehen mich*
Salegh *ich sehe euch* **tulegh** *ihr seht mich*
Dalegh *du siehst ihn/sie/es* **Dulegh** *er/sie/es sieht dich*
julegh *du siehst uns* **pIlegh** *wir sehen dich*
legh *er/sie/es sieht ihn, sie, es; sie sehen sich* **lulegh** *sie sehen ihn, sie, es*

4.1.2 Imperativpräfixe

Imperative, also Verbausdrücke des Befehlens, verwenden besondere Präfixe. Befehle könne sich nur an die 2. Person Singular und Plural richten, also an *dich* oder an *euch*.

Objekt	Kein	Ich	Er / Sie/ Es	Wir	Sie
Du	yI-	HI-	yI-	gho-	tI-
Ihr	pe-	HI-	yI-	gho-	tI-

Beachten Sie, daß von einer Ausnahme abgesehen, in allen Fällen dasselbe Imperativpräfix verwendet wird, gleichgültig, ob der Befehl an eine oder mehrere Personen gerichtet ist. Die einzige Ausnahme besteht im Fall eines gegebenen Befehls, der sich auf kein Objekt bezieht. In diesen Fällen kommt das Präfix **pe-** zur Anwendung, um einen Befehl an mehrere Personen auszudrücken. In den folgenden Beispielen kennzeichnet das Ausrufungszeichen den imperativischen Charakter des Verbs.

yIQong *Schlafe!* **peQong** *Schlaft!*
HIqIp *Schlage mich!* **ghoqIp** *Schlage uns!*
yIqIp *Schlage ihn/sie/es!* **tIqIp** *Schlagt sie!*

DAS KLINGONISCHE WÖRTERBUCH

Eine gegen sich selbst gerichtete Aktion eines imperativischen Ausdrucks wird durch das Suffix **-egh** *sich selbst* (Kapitel 4.2.1) in Kombination mit **yI-** oder **pe-** ausgedrückt.

4.1.3 Notationskonventionen

Als Besonderheit der Notation werden Präfixe, die Subjekt und Objekt anzeigen, als *Subjekt – Objekt* übersetzt, also **qa-** *ich – du*, **DI-** *wir – ihnen* etc. Imperativpräfixe werden gleichermaßen übersetzt, gefolgt von dem Wort *Imperativ(isch)*: **tI-** *imperativisch* als *ihr – ihnen*.
Ebenso werden Präfixe, die auf männlich, weiblich, unbelebt, singularisch oder pluralisch referieren, z.B. **vI-** *ich – ihm/ ihr/ ihm/ ihnen*, zwar korrekt übersetzt, doch für gewöhnlich verzichten die Verfasser auf die Angabe aller Referenzmöglichkeiten, z.B. *ich – ihm/ ihr*. Diese Konvention gilt auch für Verben, die Träger dieser Präfixe sind: **vIlegh** *Ich sehe ihn/sie.*

4.2 Verbsuffixe

Das Klingonische kennt neun Typen oder Klassen von Verbsuffixen.

4.2.1 Typ1: Reflexivkonstruktionen: sich selbst/ sich gegenseitig

-egh *selbst*

Dieses Suffix wird verwendet, um eine Aktion zu beschreiben, in der Sprecher und Objekt identisch sind. Im Deutschen drücken wir ein solches reflexivisches Verhältnis mit der flektierbaren Umschreibung *sich ... selbst* aus. Wenn dieses Suffix verwendet wird, muß die Präfixkennzeichnung „kein Objekt" verwendet werden.

> **jIqp´egh** *ich schlage mich* (**qIp** *schlagen*)
> **bIqIp´egh** *du schlägst dich*
> **qIp´egh** *er/ sie schlägt sich*

Dieses Suffix kann auch mit Imperativverben verwendet werden, ähnlich wie bei den nicht imperativischen muß auch hier das Prä-

VERBLEHRE

fix „Kein Objekt" vorangestellt werden:

> **yIja´´egh** *Setze dich selbst davon in Kenntnis!* (**ja´** *sagen, in Kenntnis setzen von*)
> **peja´´egh** *Sagt es Euch selbst!*

-chuq *gegenseitig*

Dieses Suffix kann nur mit Nomen im Plural als Referenzsubjekt verwendet werden. Es wird mit *gegenseitig* übersetzt. Das Präfix der Anzeige keines Referenzobjektes muß auch bei der Verwendung von **-chuq** stets verwendet werden.

> **maqIpchuq** *wir schlagen uns gegenseitig*
> (**qIp** *schlagen*)
> **SuqIpchuq** *ihr schlagt euch gegenseitig*
> **qIpchuq** *sie schlagen sich gegenseitig*
> **peqIpchuq** *Schlagt euch (gegenseitig)!*

4.2.2 Typ 2: Volition/ Prädisposition

Suffixe dieser Klasse drücken aus, in welchem Willensverhältnis der Sprecher zu der Handlung steht, die durch das Verb ausgedrückt wird, bzw. welche Wahl er hat, die Handlung durchzuführen oder nicht.

-nIS *müssen, nötig sein*

> **vIleghnIS** *Ich muß ihn/ sie sehen.* (**legh** *sehen*)
> **bISopnIS** *Du mußt essen; es ist notwendig, daß du ist.* (**Sop** *essen*)

-qang *willens sein*

> **Heghqang** *Er/sie ist willens zu sterben.* (**Hegh** *sterben*)
> **qaja´qang** *Ich bin willens, dir zu sagen, daß ...* (**ja´** *sagen, erzählen*)

-rup *bereit sein, vorbereitet sein*

DAS KLINGONISCHE WÖRTERBUCH

Heghrup *Er/ sie ist bereit zu sterben.*
qaleghrup *Ich bin bereit, dich zu sehen.*
nuja´rup *Sie sind vorbereitet, uns zu sagen, daß ...*

-beH *vorbereitet, hochgefahren* (nur in bezug auf Technologie)

pojbeH *(Das Gerät) ist bereit zur Analyse.* (**poj** *analysieren*)
labbeH *(Das Gerät) ist bereit, Daten zu übertragen.* (**lab** *Daten übertragen*)

Anzumerken ist, daß es ein Verb **ghus** in der Bedeutung *bereit zum Starten, Abfeuern* gibt, das sich niemals mit dem Suffix **-rup** verbindet. Es wird hauptsächlich in bezug auf das Abfeuern von Torpedos verwendet. Ist kein ausdrückliches Referenzobjekt im Satz genannt oder aus dem Kontext zu erschließen, handelt es sich als Referenzobjekt stets um Torpedos. Entsprechend tragen beide der folgenden Sätze die Bedeutung *Vorbereiten zum Abfeuern der Torpedos!* oder *Klar bei den Torpedos!*

cha yIghuS (**cha** Torpedos)
yIghuS

Das Verb **-ghus** wird auch in Beziehung zu anderen Dingen, wie Raketen, Lenkwaffen und verschiedenen Arten von Energiestrahlen (die Torpedos insofern ähnlich sind, als daß sie sich von einem klar definierten Punkt fortbewegen), verwendet. Es wir auch gebraucht, um die Tätigkeit des Zusammenziehens einer Schlinge mit elastischem Band zu beschreiben. In den meisten anderen Fällen von vorbereitet sein, wird das Suffix **-rup** verlangt.

-vIp *befürchten*

choHoHvIp *Du fürchtest dich, mich zu töten.* (**HoH** *töten*)
nuqIpvIp *Sie fürchten sich, uns zu schlagen.* (**qIp** *schlagen*)

Dieses Suffix wird selten zusammen mit einem Präfix der Bedeutung „Ich" oder „Wir" verwendet, obwohl es grammatikalisch korrekt wäre, stellt diese Verbindung ein kulturelles Tabu dar.

VERBLEHRE

4.2.3 Typ 3: Wechsel

Suffixe dieses Typs deuten darauf hin, daß die im Verb beschriebene Handlung zukünftig einen Wechsel oder eine Veränderung gegenüber der ursprünglichen Situation nach sich zieht und diese Veränderung als dauerhaft angenommen wird.

-choH *Zustandsänderung, Richtungsänderung*

maDo´choH *Wir werden glücklich werden, wir erleben eine Wendung zum Guten.* (**Do´** *glücklich sein*)
ghoSchoH *Er/sie schickt sich an zu gehen, nach irgendwohin fortzubewegen.* (**ghoS** *gehen*)

Der zweite Satz referiert auf eine Situation, in der er/sie sich entweder gar nicht oder im Begriff war, sich in eine andere Richtung zu bewegen. Beachten Sie, daß das Suffix für eine deutsche Übersetzung oftmals durch *werden* oder *beginnen* umschrieben werden muß.

-qa´ *wiederaufnehmen, fortfahren*

Die Verwendung dieses Suffixes zeigt an, daß die Handlung stattgefunden hat, unterbrochen wurde und (jetzt) wieder aufgenommen oder fortgesetzt wird.

vInejqa´ *Ich fahre mit der Suche fort, ich suche erneut nach ihm/ihr.* (**nej** *suchen*)

4.2.4 Typ 4: Kausation

-moH *verursachen, begründen*

Wird dieses Suffix am Verb verwendet, so wird damit angedeutet, daß das Subjekt des Satzes eine Veränderung einleitet oder neue Konditionen einer bestimmten Situation festlegt.

tIjwI´ghom vIchenmoH *Ich stelle ein Außenteam zusammen.* (**tIjwI´ghom** *Außenteam, Landungsteam,* **chen** *zusammenstellen, Form annehmen*)

DAS KLINGONISCHE WÖRTERBUCH

Wörtlich kann dieser Satz übersetzt werden mit *Ich verursache, daß ein Außenteam zusammengestellt wird.*

HIQoyomoH *Laß mich (etwas) hören!* (**Qoy** *hören*)

Wörtlich kann der Satz mit *Mache mich (etwas) hören!* übersetzt werden, wobei beachtet werden muß, daß der Satz nicht verwendet würde, um eine Erlaubnis zu erbitten, sondern einen direkten Befehl ausdrückt. Bei Übersetzungen ins Deutsche sollte man Konstruktionen in denen *verursachen* oder *machen* in dieser Form verwendet werden, möglichst meiden. **chenmoH** *er/sie bringt hervor, gestaltet* kann mit *er/sie verursacht etwas, Form anzunehmen* übersetzt werden, doch eine Übersetzung sollte eher darauf sinnen, den Inhalt zu übertragen, als sich sklavisch an grammatikalischen Rastern entlang zu hangeln. Leser oder Hörer der Texte werden es den Übersetzern danken.

4.2.5 Typ 5: Indefinite Subjekte/Möglichkeit

Die beiden Suffixe dieser Klasse haben semantisch keine Verwandtschaft, sondern werden nur der Einfachheit halber als Typ 5 gefaßt. Aus diesem Grund begegnet man keiner Verbform, die sich mit beiden Suffixen zur gleichen Zeit verbindet.

-lu´ *indefinites Subjekt*

Das Suffix wird verwendet, um anzuzeigen, daß es sich bei dem Subjekt des Satzes um ein indefinites, unbekanntes und/oder ein allgemeines Konzept handelt. Da das Subjekt also stets gleich und undekliniert bleibt, werden die pronominalen Präfixe (Kapitel 4.1.1) ebenfalls anders verwendet. Die Präfixe, die normalerweise ein Subjekt der ersten oder zweiten Person oder ein singularisches Objekt der dritten Person anzeigen (**vI-, Da-, wI-, bo-**), zeigen in Verbindung mit **-lu´** ein Objekt der ersten oder zweiten Person an. **vI-**, das normalerweise *ich tue etwas ihm/ ihr gegenüber* bedeutet, meint also *etwas/ jemand tut etwas mir gegenüber*, wenn es gemeinsam mit **-lu´** auftritt. Gleichermaßen bedeutet also das Präfix **lu-** *jemand/ etwas tut etwas ihnen gegenüber* und wird nicht wie üblich mit *sie tun etwas ihm/ ihr gegenüber* übersetzt.

Daqawlu´ *Jemand/etwas erinnert (sich an) dich.*
    (**qaw** *erinnern*)

VERBLEHRE

wIleghlu' *Jemand/ etwas sieht dich.* (**legh** *sehen*)
Soplu' *Jemand/ etwas ißt es.* (**Sop** *essen*)

Verben mit **-lu'** werden in der Übersetzung oftmals ins Passiv gesetzt.

Daqawlu' *du wirst erinnert, an dich wird sich erinnert*
wIleghlu' *wir werden gesehen*
Soplu' *es wird gegessen*

In Verbindung mit dem Verb **tu'** *finden, beobachten* und einem singularischen Subkjektpronomen der dritten Person (o) wird die so entstandene Verbform **tu'lu'** *jemand/ etwas findet es* oft mit *dort ist, sind* übersetzt.

naDev puqpu'tu'lu' *es/dort sind Kinder in dieser Umgebung, jemand/ etwas sieht hier Kinder* (**naDev** *in der Umgebung, hier*, **puqpu'** *Kinder*)

laH *können, in der Lage sein zu*

jIQonglaH *ich kann schlafen* (**Qong** *schlafen*)
choleghlaH *du kannst mich sehen*
nuQaw'laH *er/sie kann uns zerstören* (**Qaw'** *zerstören*)

4.2.6 Typ 6: Qualifikation

Ähnlich den Nomensuffixen des Typs 3 zeigen dieses Suffixe an, wie sicher sich der Sprecher über das ist, was im Verb ausgedrückt wird.

-chu' *klar, perfekt*

jIyajchu' *ich verstehe klar, deutlich* (**yaj** *verstehen*)
baHchu' *er/sie hat (den Torpedo) perfekt gefeuert* (**baH** *feuern (einen Torpedo)*)

-bej *sicherlich, unzweifelhaft*

chImbej *es ist zweifellos leer* (**chIm** *leer sein*)
nuSeHbej *er/ sie ist sicherlich (dabei), uns zu kontrollieren* (**SeH** *kontrollieren*)

-law´ *anscheinend, scheinbar*

chImlaw´ *es scheint leer zu sein, es ist anscheinend leer*
nuSeHlaw´ *er/ sie scheint uns zu kontrollieren*

Dieses Suffix drückt eine Unsicherheit auf Seiten des Sprechers aus und kann auch in der Bedeutung *ich denke* oder *ich vermute* verstanden werden. Die beiden vorangehenden Sätze können also auch mit *ich denke es ist leer* und *ich vermute, daß sie uns kontrollieren* übersetzt werden.

4.2.7 Typ: Aspekt

Das Klingonische drückt die grammatikalischen Zeiten oder Zeitfolgen nicht durch eigene Formen aus, sondern erschließt das Zeitverhältnis der im Verb ausgedrückten Handlungen zueinander entweder aus dem Kontext oder durch zugefügte Begriffe wie **wa´leS** *morgen, am morgigen Tag*. Die Sprache ist jedoch in der Lage, bestimmte Aspektierungen zu setzen, so daß eine Handlung entweder als abgeschlossen oder noch nicht beendet, als einfaches Ereignis oder fortdauerndes verstanden werden muß.
Ist kein Suffix der Klasse 7 gesetzt, zeigt dieses für gewöhnlich an, daß eine Handlung noch andauert oder noch nicht abgeschlossen ist. Verben ohne ein Suffix der Klasse 7 werden in der Übersetzung durch den Präsens, Indikativ ausgedrückt.

Dalegh *du siehst ihn/sie* (**legh** *sehen*)
qaja *ich sage dir* (**ja´** *sagen*)

Wenn der Kontext es zuläßt, können Verben ohne Suffix des Typs 7 auch im Futur mit *ich werde* übersetzt werden, doch kommt es dem klingonischen Sprachgefühl näher, eine zukünftige Handlung ebenfalls durch die Präsensform auszudrücken, z.B. wie in *Wir fliegen morgen bei Dämmerung* anstelle von *Wir werden morgen bei Dämmerung fliegen*.

-pu´ *perfektiv, abgeschlossen*

Dieses Suffix zeigt an, daß eine Handlung abgeschlossen ist. Im Deutschen wird dieser Aspekt durch die Perfektform des Verbs ausgedrückt: *ich habe etwas getan*

VERBLEHRE

Daleghpu´ *ich habe es gesehen*
vIneHpu´ *ich habe sie gewollt* (**neH** *wollen*)
qaja´pu´ *ich habe dir gesagt* (**ja´** *sagen*)

-ta´ *erreicht, geleistet*

Dieses Suffix ähnelt **-pu**, wird jedoch benutzt, wenn eine Handlung bewußt unternommen wurde, wenn etwas erreicht werden sollte und tatsächlich erreicht worden ist. In einer deutschen Übersetzung wird der Unterschied nur selten deutlich ausgedrückt.

vISuqta´ *ich habe es erreicht* (**Suq** *erreichen, bekommen*)
luHoHta´ *sie haben ihn/sie getötet* (**HoH** *töten*)

Der zweite Satz würde nicht verwendet werden, wenn die Tötung das Ergebnis eines Angriffes gewesen wäre und es keine Absicht gegeben hätte, eine bestimmte Person zu töten oder die Tötung das Ergebnis eines Unfalls gewesen wäre.

luHoHpu´ *sie haben ihn/sie getötet*

Die Bedeutung von **-ta´** kann auch syntaktisch ausgedrückt werden. Es bedeutet, daß eine bestimmte Verbalkonstruktion dem Verb folgen kann, welche dann die beabsichtigte, vollendete Handlung anzeigt. Das dieser Konstruktion zugrundeliegende Verb ist **rIn** *beendet sein, vollendet sein* und es trägt in dieser Verwendung stets das Suffix **-taH** *kontinuierlich* (siehe unten) und das pronominale Suffix der dritten Person (o). Die daraus resultierende Konstruktion **rIntaH** bedeutet wörtlich *es fährt fort, beendet zu sein* oder *es verbleibt beendet*. Sie wird verwendet, um anzuzeigen, daß es sich bei der durch das Verb ausgedrückten Handlung um ein fait accompli handelt: Es ist passiert und kann nicht mehr rückgängig gemacht werden.

luHoH rIntaH *sie haben ihn/sie getötet*
vIje´ rIntaH *ich habe es erstanden* (**je´** *erstehen, erwerben*)

Die deutsche Übersetzung von **rIntaH** und **-ta´** ist gewöhnlich dieselbe, der absolute, finale Charakter von **rIntaH** kann oder wird selten gesondert ausgedrückt.
Es muß angemerkt werden, daß **rIntaH** manchmal um des dra-

DAS KLINGONISCHE WÖRTERBUCH

matischen Effektes wegen verwendet wird, obwohl die Handlung noch ungeschehen oder vorzeitig beendet werden könnte.

-taH *kontinuierlich, fortlaufend*

Das Suffix zeigt den fortlaufenden Charakter der Handlung an.

nughoStaH *es nähert sich uns* (**ghoS** *sich nähern, herankommen, fortfahren*)
yIghoStaH *Kurs beibehalten! Auf diesem Kurs bleiben!*

Beide Sätze drücken eine fortlaufende oder kontinuierliche Handlung aus. Die Bedeutung von **-taH** kann anhand der beiden folgenden Befehle noch deutlicher gemacht werden:

yIjun *Ein Ausweichmanöver einleiten!*
yIjuntaH *Verfolgt (ab jetzt) Ausweichstrategien!*

Im ersten Beispiel wird der Befehl erlassen, ein einmaliges Ausweichmanöver zu unternehmen, im zweiten Beispiel werden eine unbestimmte Anzahl von ausweichenden Manövern (falls nötig) für die nähere Zukunft befohlen – die Handlung setzt sich also (unbestimmt) fort.

-lI´ *fortlaufend zum Ziel*

Dieses Suffix ähnelt **-taH** insofern, daß eine fortlaufende Handlung beschrieben wird, im Gegensatz dazu zeigt **-lI´** an, daß diese Handlung ein klar definiertes Ziel oder einen deutlichen Schlußpunkt in der (nahen) Zukunft hat.

chollI´ *es nähert sich* (**chol** *näherkommen*)

Dieser Ausdruck würde zum Beispiel für eine sich nähernde Rakete verwendet werden, wenn dem Sprecher das Ziel der Rakete bewußt ist. Wenn sich eine Rakete nähert, das genaue Ziel jedoch undeutlich ist, wäre **choltaH** (mit **-taH** *kontinuierlich*) der geeignetere Ausdruck.

vIIl´lI´ *ich übertrage (Daten)*
　　(**lI´** *Daten zu einem Ort übertragen*)

VERBLEHRE

Dieser Ausdruck bedeutet, daß sich Daten in einem Prozeß der Übertragung befinden, es jedoch eine finite Menge an Daten gibt, so daß dementsprechend auch ein definitives Ende der Übertragung existiert. Die Tatsache, daß das Verb **lI´** und das Suffix **-lI´** lautlich identisch sind, ist nach heutigem Wissensstand reiner Zufall.

Das Suffix **-taH** kann sowohl verwendet werden, wenn es ein klares Ziel der fortlaufenden Handlung gibt als auch dann, wenn dieses Ziel unbekannt ist. **-lI´** kann im Gegensatz dazu nur dann benutzt werden, wenn ein klares Ziel der andauernden Verbhandlung auszumachen ist. Man kann also **-lI´** als ein kontinuierliches Gegenstück zu **-ta´** und **-taH** als ein ebensolches Gegenstück zu **-pu´** definieren.

4.2.8 Typ 8: Ehrbezeugung

-neS *Ehre, geehrt*

Diese Klasse umfaßt nur ein Suffix, durch welches extreme Höflichkeit oder Unterwürfigkeit ausgedrückt wird. Es findet nur Verwendung, wenn der Sprecher sich an jemanden wendet, der in der klingonischen sozialen, politischen oder militärischen Hierarchie (weit) über ihm selbst steht. Der Gebrauch des Suffixes jedoch ist stets empfehlenswert.

qaleghneS *Ich fühle mich geehrt, dich (Euch als pluralis majestatis in der Übersetzung) zu sehen.*
Hija´neS *Ehrt mich, indem ihr mir sagt...*

Der Gebrauch dieses Suffixes unterliegt bei Klingonen starken Schwankungen.

4.2.9 Typ 9: Syntaktische Markierungen

Ähnlich den Nomensuffixen des Typs 5 (Kapitel 3.3.5), charakterisieren diese Suffixe die Funktion des Verbs im Satz. Die ersten sechs dieser Suffixe werden an dieser Stelle kurz vorgestellt, doch in Kapitel 6 noch einmal genauer bestimmt.

-DI´ *falls, sobald als*

DAS KLINGONISCHE WÖRTERBUCH

DaSeHDI´ *sobald du es kontrollieren kannst* (**SeH** *kontrollieren*)
qara´DI´ *falls ich es dir befehle* (**ra´** *kommandieren, befehlen*)

-chugh *wenn*

> **DaneHchugh** *wenn du sie willst* (**neH** *wollen, begehren*)
> **choja´chugh** *wenn du mir sagst* (**ja´** *sagen, berichten*)

-pa´ *bevor, zuvor*

> **choja´pa** *bevor du es mir sagst*
> **qara´pa´** *bevor ich dir befehle*

-vIS *während*

Dieses Suffix wird immer gemeinsam mit dem Typ 7 Suffix **-taH** *kontinuierlich, andauernd* verwendet.

SulhtaHvIS *während sie verhandeln* (**Sutlh** *verhandeln*)
bIQongtaHvIS *während du schläfst* (**Qong** *schlafen*)

-bogh *welches*

Bei diesem Suffix handelt es sich um die Markierung eines Relativsatzes. Für eine genauere Beschreibung siehe Kapitel 6.2.3.

-meH *weil*

Eine Markierung für den Finalsatz. (Kapitel 6.2.4)

-´a´ *Interrogation*

Dieses Suffix zeigt an, daß es sich bei dem Satz um eine Frage mit den Antwortmöglichkeiten „ja" oder „nein" handelt (Kapitel 6.4).

cholegh´a´ *Siehst du mich?* (**legh** *sehen*)
yaj´a´ *Versteht er/ sie?* (**yaj** *verstehen*)

(Alle Fragen anderer Art benötigen spezielle Fragewörter, siehe Kapitel 6.4).

VERBLEHRE

-wI' *jemand/ etwas das tut*

Dieses Suffix wurde bereits in Kapitel 3.2.2 beschrieben, es verwandelt das Verb in ein Verbalnomen.

So'wI' *Tarnvorrichtung* (**So'** *tarnen, bekleiden*)
baHwI' *Schütze* (**baH** *feuern, abschießen (einen Torpedo)*)
joqwI' *Fahne Flagge* (**joq** *flattern, winken*)

4.2.10 Relative Ordnung der Suffixe

Wie bei den Nomen müssen die Suffixe, die an einem Verb verwendet werden, in einer bestimmten Ordnung in Abhängigkeit ihrer Klassenzugehörigkeit erscheinen. Es darf niemals mehr als ein Suffix pro Klasse verwendet werden. Bis jetzt wurden keine Beispiele für den Gebrauch von neun Suffixen gefunden, doch ein solcher ist theoretisch denkbar. Einige wenige Beispiele sollten genügen, um die Ordnung der Suffixtypen am Verb zu illustrieren.

nuHotlhpu''a' *Haben sie uns gescannt?*

nu-	(Präfix)	*sie – uns*
Hotlh	(Verb)	*scannen*
-pu'	(7)	Perfektiv
-'a'	(9)	Interrogativ

Qaw''eghpu' *er/ sie zerstört sich selbst*

o	(Präfix)	*er/ sie*
Qaw'	(Verb)	*zerstören*
-'egh	(1)	*sich selbst*
-pu'	(7)	Perfektiv

wIchenmoHlaH *wir können es erschaffen*

wI-	(Präfix)	*wir – es*
chen	(Verb)	*Form annehmen*
-mo	(4)	*verursachen*
-laH	(5)	*können, in der Lage sein*

DAS KLINGONISCHE WÖRTERBUCH

Daqawlu´taH *man möge sich an dich erinnern*

Da-	(Präfix)	du – ihm/ihr
qaw	(Verb)	erinnern
-lu´	(5)	Indefinites Subjekt
-taH	(7)	kontinuierend

vItlhapnISpu´ *ich muß ihn/sie nehmen, es ist nötig, daß ich sie/ihn nehme*

vI-	(Präfix)	ich – ihm/ihr
tlhap	(Verb)	nehmen
-nIS	(2)	müssen, brauchen
-pu´	(7)	Perfektiv

HeghqangmoHlu´pu´ *ich brachte sie/ ihn dazu, sterben zu wollen*

0	(Präfix)	er/sie – ihm/ihr
Hegh	(Verb)	sterben
-qang	(2)	wollen, anstreben
-moH	(4)	verursachen
-lu´	(5)	Indefinites Subjekt
-pu´	(7)	Perfektiv

maghoschoHmoHneaS´a´ *Dürfen wir einem (neuen) Kurs (zu irgendeinem Platz) folgen(, Sir)?*

ma-	(Präfix)	wir
ghoS	(Verb)	einem Kurs folgen
-choH	(3)	ändern
-moH	(4)	verursachen
-neS	(8)	Ehrbezeugung
-´a´	(9)	Interrogativ

VERBLEHRE

4.3 „Wanderer"

Zusätzlich zu den genannten, kennt das Klingonische weitere Verben, die von klingonischen Grammatikern **lengwI'mey** *Wanderer, Streuner* (von **leng** *fahren, reisen,* **-wI'** *etwas, das etwas tut* und **-mey** *Plural*) genannt werden. Suffixe dieser Klasse haben keine feste Position in Relation zu den anderen Suffixen, sondern können an jeder Position erscheinen, außer nach einem Suffix des Typs 9. Ihre Position ist bedingt durch die Bedeutung, die der Sprecher intendiert. Es gibt zwei Gruppen innerhalb der „Wanderer", die negativen und die emphatischen.

-be' *nicht, nein*

Dieses ist das allgemeine Negationssuffix, es kann mit *nicht* übersetzt werden und folgt dem Konzept, welches negiert werden soll.

vIlo'laHbe' *sie sind für mich nutzlos, ich kann sie nicht gebrauchen*

vI-	(Präfix)	*ich – ihnen*
lo'	(Verb)	*verwenden, gebrauchen*
-laH	(5)	*können, in der Lage sein zu*
-be'	(Wanderer)	*kein, nicht*

jISaHbe' *es ist mir gleich (welche Art Aktion folgen wird)*

jI-	(Präfix)	*ich*
SaH	(Verb)	*kümmern, angehen*
-be'	(Wanderer)	*nicht, kein*

qay'be' *kein Problem, es ist kein Problem* (Exklamation)

0	(Präfix)	*s*
qay'	(Verb)	*ein Problem, eine Belastung sein*
-be'	(Wanderer)	*nicht, kein*

Der „Wander"-Charakter von **-be'** kann in den folgenden Beispielen am besten gezeigt werden:

DAS KLINGONISCHE WÖRTERBUCH

chHoHvIp *Du fürchtest dich, mich zu töten.*
chHoHvIpbe´ *Du fürchtest dich nicht, mich zu töten.*
choHoHbe´vIp *Du fürchtest dich davor, mich nicht zu töten.*

cho-	(Präfix)	*du – mir*
HoH	(Verb)	*töten*
-vIp	(2)	*fürchten, befürchten*
-be´	(Wanderer)	*kein, nicht*

Im zweiten Satz folgt der Wanderer **-vIp**, wodurch dieses Suffix negiert wird und in der Übersetzung die Bedeutung *nicht fürchten* bekommt. Im dritten Satz folgt **-be´** als Wanderer **HoH** und negiert dadurch diesen Ausdruck, wodurch die Übersetzung hier also *nicht töten* lautet.
Das Suffix **-be´** kann nicht mit Imperativverben gebraucht werden, für diese muß das folgende, semantisch ähnliche Suffix verwendet werden.

-Qo´ *Nicht! Tu es nicht!*

Dieses Negativsuffix wird in imperativischen Ausdrücken und Phrasen der Ablehnung verwendet.

yIja´Qo´ *Erzähle ihm/ ihr nichts!*

yI-	(Präfix)	*du – ihm/ihr* (imperativisch)
ja´	(Verb)	*sagen*
-Qo´	(Wanderer)	*nicht tun, unterlassen*

choja´Qo´chugh *Wenn du es mir nicht erzählst, wenn du dich weigerst, es mir zu erzählen*

cho-	(Präfix)	*du – mir*
ja´	(Verb)	*sagen, erzählen*
-Qo´	(Wanderer)	*nicht tun, unterlassen*
-chugh	(9)	*wenn, falls*

HIHoHvIpQo´ *Fürchte dich nicht, mich zu töten!*

HI-	(Präfix)	*du – mir* (imperativisch)
HoH	(Verb)	*töten*

VERBLEHRE

-vIp (2) *fürchten, befürchten*
-Qo' (Wanderer) *nicht tun, unterlassen*

Im Gegensatz zu **-be'** ändert sich die relative Position von **-Qo'** niemals. Es steht stets an letzter Position, es sei denn, ein Suffix des Typs 9 wird (an letzter Stelle) gesetzt. Trotzdem fällt es unter die Kategorie „Wanderer", da es das imperativische Gegenstück zu **-be'** ist.

Ha' *ungeschehen machen, zunichte machen*

Dieses negative Suffix impliziert weniger, daß etwas nicht getan wird (wie **-be'**), sondern zeigt eher einen Statuswechsel an: etwas, das vordem geschehen war, wird nun ungeschehen gemacht. Der Einfachheit halber wird es mit *ungeschehen machen* übersetzt, doch es steht semantisch den deutschen Präfixen de-, un- und miß- (wie in de- konstruieren, miß- brauchen und un- kenntlich machen) näher. Das Suffix wird zusätzlich verwendet, wenn etwas falsch gemacht worden ist. Im Gegensatz zu **-be'** und **-Ha'** kann es uns auch in Imperativkonstruktionen begegnen.

chenHa'moHlaH *es kann sie zerstören*

o	(Präfix)	*es* (3. Person Singular, Neutrum)
chen	(Verb)	*nehmen*
-Ha'	(Wanderer)	*ungeschehen machen*
-moH	(4)	*begründen*
-laH	(5)	*können, in der Lage sein zu tun*

Dieses Verb bedeutet wörtlich in etwa *es kann sie dazu bringen, daß ihre Form ungeschehen gemacht wird.*

yIchu'Ha' *Desaktiviere es!*

yI-	(Präfix)	*du – es* (imperativisch)
chu'	(Verb)	*aktivieren*
-Ha'	(Wanderer)	*ungeschehen machen*

bIjatlhHa'chugh *Wenn du das Falsche sagst.*

bI-	(Präfix)	*du*

DAS KLINGONISCHE WÖRTERBUCH

jatlh	(Verb)	*sagen*
-Ha´	(Wanderer)	*ungeschehen machen*
-chugh	(9)	*wenn*

Das zweite Beispiel zeigt die Verwendung von **-Ha´** im Sinne von *falsch* oder *fälschlich*. Das Wort kann wörtlich mit *wenn du wiedersprichst* übersetzt werden. Verwendete man **-be´** (an diesem Ausdruck also **bIjatlhbe´chugh**) wäre die Bedeutung: *wenn Du nicht sprichst*.

Do´Ha´ *es ist unglücklich*

o	(Präfix)	*es*
-Do´	(Verb)	*glücklich sein, Glück haben*
-Ha´	(Wanderer)	*ungeschehen machen*

Die Verwendung von **-Ha´** in diesem Satz beschreibt also einen Wechsel vom Glücklichen (Guten) zum Schlechten.
Es ist eine interessante Tatsache, daß **-Ha´** stets direkt auf das Verb folgt. Warum klingonische Grammatiker trotzdem darauf bestehen, es in die Klasse der „Wanderer" einzuordnen, ist bis jetzt noch unbekannt, und der Autor möchte sich an dieser Stelle nicht in die klingonische Tradition einmischen, so daß **-Ha´** in diesem Buch unter die „Wanderer" gezählt wird.

-qu´ emphatische Äußerung

Dieses Suffix bestätigt oder betont dasjenige, auf das es folgt.

yIHaghqu´ *studiere ihn/ sie sorgfältig*

yI-	(Präfix)	*du – ihm/ ihr* (imperativisch)
Hagh	(Verb)	*studieren*
-qu´	(Wanderer)	Emphase

nuQaw´qu´be´ *sie haben uns noch nicht aufgerieben*

nu-	(Präfix)	*sie – uns*
Qaw´	(Verb)	*zerstören*
-qu´	(Wanderer)	Emphase
-be´	(Wanderer)	*nicht, kein*

VERBLEHRE

Der „Wanderer"-Charakter von **-qu´** kann anhand der folgenden Beispiele verdeutlicht werden:

pIHoHvIpbe´qu´ *Wir fürchten uns NICHT, euch zu töten.*
pIHoHvIpqu´be´ *Wir FÜRCHTEN uns nicht, euch zu töten.*
pIHoHqu´vIpbe´ *Wir fürchten uns nicht, euch zu TÖTEN.*

pI-	(Präfix)	*wir – euch*
HoH	(Verb)	*töten*
-vIp	(2)	*fürchten*
-be´	(Wanderer)	*nicht*
-qu´	(Wanderer)	Emphase

Der erste Satz kann zum Beispiel gegenüber einem Feind angewendet werden, der die Tapferkeit des Sprechers einer Gruppe angezweifelt hat. Der zweite Satz kann in einer Situation geäußert werden, in der er einer Erklärung folgt wie „Wir werden Euch nicht töten, weil Ihr für uns nützlich seid." Der dritte Satz ist in einer Situation denkbar, in der über verschiedene Arten der Bestrafung reflektiert wird, die Todesstrafe jedoch nicht ausgeschlossen ist.

Der Wanderer **-qu´** folgt auch Verben, wenn diese adjektivisch geäußert werden (Kapitel 4.4).

4.4 Adjektive

Das Klingonische kennt keine Adjektive. Für beschreibende Ausdrücke, welche die inhärenten Merkmale von Subjekten ausdrücken, verwendet das Klingonische Verben in einem Ausdruck mit der Kopula „sein", also *müde sein, traurig sein* etc.

Ein Verb, das den Status oder die Qualität eines Nomens beschreibt, kann direkt auf das Nomen folgen, welches durch den Ausdruck beschrieben werden soll.

puq Doy´ *müdes Kind*

puq *Kind*
Doy´ *müde sein*

Dujmey tIn *große Schiffe*

DAS KLINGONISCHE WÖRTERBUCH

Dujmey *Schiffe, Fahrzeuge*
tIn *groß sein*

Der Wanderer **-qu'** „Emphase" (Kapitel 4.3) kann Verben in adjektivischer Verwendung folgen. Bei dieser Verwendungsweise wird es für gewöhnlich mit *sehr* übersetzt.

Dujmey tInqu' *sehr große Schiffe*

wanI' ramqu' *ein sehr unwichtiges Ereignis*

wanI' *Ereignis, Geschehen*
ram *trivial, unwichtig sein*

Wenn ein Suffix des Typs 5 verwendet wird (Kapitel 3.3.5), folgt es dem Verb, das, wenn es adjektivisch gebraucht wird, kein anderes Suffix außer dem Wanderer **-qu'** „Emphase" tragen kann. Das Nomensuffix Typ5 folgt dem **-qu'**.

veng tInDaq *in der großen Stadt*

veng *Stadt*
tIn *groß sein*
-Daq Lokativ

veng tInqu'Daq *in der sehr großen Stadt*

5. ANDERE WORTARTEN

Der mit Abstand größte Teil des klingonischen Wortschatzes setzt sich aus Verben und Nomen zusammen. Darüber hinaus existieren eine Reihe von Wörtern, die von klingonischen Grammatikern in eine Gruppe von **chuvnmey** *Übrigbleibende* zusammengefaßt werden. Es ist jedoch möglich, die **chuvmey** genauer zu klassifizieren.

5.1 Pronomen

Ergänzend zu den possessiven Suffixen an Nomen (Kapitel 3.3.4) und den pronominalen Präfixen der Verben (Kapitel 4.1), konnten neun weitere Pronomen ausfindig gemacht werden, bei denen es sich um eigene Wörter handelt.

jiH *ich, mir* **maH** *wir, uns*
soH *du* **tlIH** *Ihr*
ghaH *er/ sie, ihm/ ihr* **chaH** *sie, ihnen*
'oH *es* **bIH** *sie, ihnen*
'e' *das*
net *das*

Das Pronomen **chaH** *sie* wird dann verwendet, wenn Sie auf eine Gruppe von Lebewesen hinweisen, die der Sprache mächtig ist; anderenfalls wird **bIH** *sie* verwendet.
Die Pronomen **'e'** und **net** werden nur in bestimmten Satzkonstruktionen verwendet (Kapitel 6.2.5).

DAS KLINGONISCHE WÖRTERBUCH

Das Klingonische kennt kein grammatisches Geschlecht. Das Pronomen in der dritten Person Singular muß also entsprechend dem Kontext mit *er* oder *sie* übersetzt werden.

Pronomen können anstelle von Nomen verwendet werden, doch nur um eine bestimmte Emphase auszudrücken oder um dem Satz eine größere Eindeutigkeit zu verleihen. Die Verwendung von Pronomen ist fakultativ, doch die nun folgenden Sätze sind alle grammatikalisch korrekt.

yaS vIlegh jIH *Ich sehe die Offiziere.*
yaS vIlegh

jIH mulegh yaS *Der Offizier sieht mich.*
mulegh yaS

ghaH vIlegh jIH *Ich sehe ihn/ sie.*
ghaH vIlegh
vIlegh jIH
vIlegh

(**yaS** *Offizier*, **vIlegh** *ich sehe ihn/ sie*, **mulegh** *er/ sie sieht mich*)

Die letzten beide Sätze (**vIlegh jIH**, **vIlegh**) sind faktisch ambig. Sie können ebenso mit *ich sehe sie* (das Verbpräfix **vI-** hat sowohl die Bedeutung *ich – ihn/ sie* als auch *ich – ihnen)* übersetzt werden. Wenn sich die genaue Bedeutung nicht aus dem Kontext erschließen läßt, können Pronomen den Satz eindeutig machen.

ghaH vIlegh *Ich sehe ihn/ sie.*
chaH vIlegh *Ich sehe sie.*

In Possessivkonstruktionen können Pronomen nicht anstelle von Nomen verwendet werden, statt dessen werden in derartigen Sätzen Possessivpronomen (Kapitel 3.3.4) benutzt.

Schließlich können Pronomen auch Verben ersetzen und stehen dann in der Bedeutung *ich bin* (Kapitel 6.3).

5.2 Numerale

Die Klingonen verwendeten ursprünglich ein ternäres Zahlsystem, also ein System, welches auf der Zahl 3 basierte. Gezählt

ANDERE WORTARTEN

wurde nach dem System 1, 2, 3; 3+1, 3+2, 3+3; 2*3+1, 2*3+2, 2*3+3; 3*3+1, 3*3+2, 3*3+3, hiernach wird es kompliziert. Vor ungewisser Zeit hat das klingonische Imperium jedoch das weiter verbreitete Dezimalsystem übernommen.
Obwohl diese Vermutung nicht abgesichert ist, ist es jedoch wahrscheinlich, daß diese Übernahme eher zum Zweck des Verständnisses von fremden wissenschaftlichen Daten und Technologien stattgefunden hat als zum Zweck der Kooperation.
Die klingonischen Zahlen sind:

1	**wa´**	6	**jav**
2	**cha´**	7	**Soch**
3	**wej**	8	**chorgh**
4	**loS**	9	**Hut**
5	**vagh**	10	**wa´maH**

Die Zahlen größer als zehn werden gebildet, indem ein spezielles zahlenbildendes Element den Grundzahlen (1-9) beigefügt wird. So besteht **wa´mah** *zehn* aus **wa´** *eins* und dem zahlenbildenden Element für *zehn*, **maH**. Die Zahlen über zehn werden also gebildet wie folgt:

11	**wa´maH wa´**	(zehn und eins)
12	**wa´maH cha´**	(zehn und zwei)
etc.		

Höhere Zahlen basieren auf **maH** *zehn*, **vatlh** *hundert* und **SaD** oder **SanID** *tausend*. **SaD** und **SanID** sind gleichermaßen korrekt, um die Zahl tausend auszudrücken und erscheinen ungefähr mit der gleichen Frequenz im gesprochenen und geschriebenen Klingonisch. Es ist bis jetzt unbekannt, warum es nur für diese Zahl zwei Varianten gibt.

20	**cha´maH**	(zweimal zehn)
30	**wejmaH**	(dreimal zehn)
etc.		
100	**wa´vatlh**	(einmal hundert)
200	**cha´vatlh**	(zweimal hundert)
etc.		
1000	**wa´SaD** oder **wa´SanID**	(einmal tausend)

DAS KLINGONISCHE WÖRTERBUCH

2000 **cha'SaD** oder **cha'SanID** (zweimal tausend)

Die Zahlen werden kombiniert wie im Deutschen:

5347 **vaghSaD wejvatlh loSmaH** oder
vaghSanID wejvatlh loSmaH Soch
604 **javvatlh loS**
31 **wejmaH wa'**

Andere zahlenbildende Elemente für höhere Zahlen sind:

        zehntausend **netlh**
        hunderttausend **bIp**
        Million **'uy'**

Zahlen werden syntaktisch verwendet wie Nomen. Als solche können sie als Subjekte oder Objekte allein stehen oder ein anderes Nomen modifizieren.

    mulegh cha'   *Zwei (von ihnen) sehen mich*
                         (**mulegh** *sie sehen mich*, **cha'** *zwei*)
    wa' yIHoH   *Töte einen (von ihnen)!*
                         (**wa'** *eins*, **yIHoH** *töte ihn/ sie!*)

Der vorhergehende Satz ist grammatikalisch auch ohne das **wa'** korrekt, da das Präfix **yI'** ein singuläres Objekt indiziert. Das **wa'** wird also nur zum Zwecke der Emphase artikuliert.
Zahlen, die ein Nomen modifizieren, stehen stets vor diesem.

loS puqpu' oder **loS puq** *vier Kinder*
vaghmaH yuQmey oder **vaghmaH yuQ** *fünfzig Planeten*

Die Pluralsuffixe (**-pu'**, **-mey**) sind nicht notwendig, wenn eine Zahl das Nomen modifiziert.
Wenn eine Zahl zur Numerierung anstatt zur Aufzählung verwendet wird, folgt sie dem Nomen. Vergleiche:

        DuS wa' *Torpedorohr Nummer 1*
        wa' Dus *ein Torpedorohr*

Ordinalzahlen (der erste, der zweite etc.) werden gebildet, indem

ANDERE WORTARTEN

-DIch an das Zahlwort angehängt wird.

wa'DIch *der erste*
cha'DIch *der zweite*
HutDIch *der neunte*

Ordinalzahlen folgen dem Nomen:

meb cha'DIch *der zweite Gast*

Wird **-logh** einem Zahlwort angehängt, drückt diese Verbindung eine Repetition aus.

wa'logh *einmal*
cha'logh *zweimal*
Hutlogh *neunmal*

In Sätzen nehmen diese Zahlen die Funktion von Adverbialen an (Kapitel 5.4).

5.3 Konjunktionen

Es gibt zwei Arten von Konjunktionen: diejenigen, die Nomen und diejenigen, die Sätze verbinden. Die Bedeutung der Konjunktionen bleibt jedoch dieselbe.

Wort verbindend	Satz verbindend	
je	**'ej**	*und*
joq	**qoj**	*und/ oder*
ghap	**pagh**	*entweder/ oder*

Konjunktionen, die Wörter verbinden, erscheinen hinter dem letzten Nomen.

DeS 'uS je *ein Arm und ein Bein*
DeS 'uS joq *ein Arm oder ein Bein oder beides*
DeS 'sU ghap *entweder ein Arm oder ein Bein* (aber nicht beide)

Die Nomenkonjunktion **je** hat eine zusätzliche Funktion: Wenn sie einem Verb folgt, bedeutet sie *auch, dazu*.

qaleghpu'je *Ich sah dich auch*

DAS KLINGONISCHE WÖRTERBUCH

Wie im Deutschen ist die Bedeutung eines solchen Satzes ambig: *Ich und andere sahen dich* oder *ich sah dich unter anderen*. Die genaue Bedeutung erschließt sich üblicherweise aus dem Kontext. Zusätzlich zu den drei oben genannten, gibt es noch eine weitere Satzkonjunktion.

'ach *aber, wie auch immer*

Dieses Wort wird manchmal zu **'a** abgekürzt.
Die Konjunktionen, die Sätze verbinden, erscheinen zwischen diesen. Beispiele folgen in Kapitel 6.2.1.

5.4 Adverbiale

Diese Worte erscheinen gewöhnlich zu Anfang von Sätzen und beschreiben die Art und Weise der in ihnen ausgedrückten Aktivität.

batlh	*mit Ehre, auf eine geehrte Weise*
bong	*durch Unfall, unbeabsichtigt*
chaq	*vielleicht*
chIch	*mit Absicht, absichtlich*
DaH	*jetzt*
Do'	*mit Glück, glücklicherweise*
loQ	*ein wenig, langsam*
nom	*schnell*
not	*niemals*
pay'	*plötzlich*
pIj	*oft, oftmals*
QIt	*langsam*
reH	*immer*
rut	*manchmal*
tugh	*bald*
vaj	*so, also, in diesem Fall*
wej	*nicht jetzt*

Beispiele:

bong yaS vIHoHpu' *Ich tötete den Offizier aus Versehen.*
(**yaS** *Offizier*, **vIHoHpu'** *ich tötete ihn/sie*)

ANDERE WORTARTEN

batlh DaqaqwIu'taH *Man wird sich an dich mit Ehrerbietung erinnern.*
    (**Daqawlu'taH** *jemand fährt fort, sich an dich zu erinnern*)
vaj Daleghpu' *Dann hast du es gesehen.*
    (**Daleghpu'** *du hast (es) gesehen*)
wej vIlegh *Ich sehe ihn/ sie noch nicht.*
    (**vIlegh** *ich sehe ihn/ sie*)

Ein Wort paßt nur bedingt in diese Kategorie:

neH *nur, bloß, lediglich*

Im Gegensatz zu den anderen Adverbialen folgt dieses Wort dem Verb, das es modifiziert. Der semantische Effekt besteht in einer Verminderung oder Trivialisierung der Verbhandlung:

qama'vIqIppu'neH *Ich habe lediglich den Gefangenen geschlagen.*
    (**gama'** *Gefangener*, **vIqIppu'** *ich schlage ihn/ sie*)
Duj yIQotlh neH *Verlaßt nur das Schiff!*
    (**Duj** *Schiff, Fahrzeug*, **yIQotlh** *verlassen*)

Die Verwendung von **neH** im vorhergehenden Satz impliziert, daß das Schiff verlassen, jedoch nicht weiter beschädigt werden soll. Ein weiterer Unterschied zu den anderen Adverbialen besteht darin, daß **neH** auch einem Nomen folgen kann. In einem solchen Fall nimmt es die Bedeutung *nur, allein* an.

    yaS neH *nur der Offizier, der Offizier allein*
    jonta'neH *nur die Maschine*

Adverbiale werden manchmal auch allein verwendet und nehmen dann die Bedeutung von Exklamationen (Kapitel 5.5) an. Zum Beispiel:

    nom *Bewegt euch schnell! Schneller!*
    wej *Tu das noch nicht!*
    tugh *Schneller! Bewegt euch!*

DAS KLINGONISCHE WÖRTERBUCH

5.5 Exklamationen

Folgende Ausdrücke werden in Sätzen alleinstehend verwendet:

ghobe´ *Nein.* (Als Antwort auf eine Frage)
Ha´ *Laßt uns gehen! Kommt schon!*
HIja´ oder **HISlaH** *Ja.* (Als Antwort auf eine Frage)
lu´ oder **luq** *Ja. Okay. Werde ich tun.*
maj *Gut.* (Ausdruck von Zufriedenheit)
majQa´ *Sehr gut. Gut gemacht.*
nuqneH *Was willst du?* (Gruß)
pItlh *Gemacht! Fertig!*
Qo´ *Nein. Ich lehne ab. Werde ich nicht (tun).*
SuH oder **Su´** *Fertig!*
toH *Gut so! Also!*
wejpuH *Entzückend.* (nur ironisch verwendet)
´eH *Fertig!*

HIja´ und **HISlaH** scheinen im Gebrauch austauschbar. **SuH, Su´** und **´eH** bedeuten alle, daß der Sprecher sich anschickt, einen Befehl zu geben. Sie sind zu vergleichen mit dem Ausruf „Fertig!" zu Beginn eines Rennens: Achtung! Fertig! Los! **SuH** und **Su´**, jedoch nicht **´eH** können auch benutzt werden, um anzuzeigen, daß der Sprecher sich anschickt, etwas zu tun oder daß Vorbereitungen für etwas gemacht worden sind. Manche Sprecher des Klingonischen betonen **SuH** wie **SSS**, ähnlich der deutschen Anweisung leise zu sein *SchScht!*
pItlh findet oft Verwendung für *Es ist geschafft!, Ich habe es getan!, Alles klar!* etc. Der Ausdruck **toH** entspricht ungefähr dem deutschen *Aha!* In die Kategorie der Ausrufe fallen natürlich auch die klingonischen Flüche, von denen bis jetzt jedoch nur drei bekannt sind:

QI´yaH **?!#@*
ghuy´cha´ **@$%*
Qu´vatlh *#*@!*

ANDERE WORTARTEN

5.6 Namen und Anreden

Klingonische Namen werden von Nicht-Klingonen oftmals falsch betont. Wenn sie in den Notationssystemen anderer Sprachen vorliegen, endet dieses für gewöhnlich damit, daß die eigentliche Aussprache nur noch erraten werden kann. Zum Beispiel wird das klingonische Phonem **tlh** zu Beginn eines Wortes im deutschen Notationssystem oft *kl* geschrieben, weil der Laut **tl** nicht zu Beginn eines deutschen Wortes erscheinen kann. Ähnlich verhält es sich mit dem klingonischen **Q**, das lautlich oft mit *kr* umschrieben wird, während das **q** meistens zu *k* wird.

Im folgenden geben wir eine kurze Liste von wenigen klingonischen Namen, zusammen mit der üblichen Transkription im Deutschen:

mara	*Mara*
matlh	*Maltz*
qeng	*Kang*
qeylIS	*Kahless*
qolotlh	*Koloth*
qor	*Kor*
qoreQ	*Korax*
Qas	*Kras*
Qel	*Krell*
Qugh	*Kruge*
torgh	*Torg*
valQIS	*Valkris*

Namen können zur direkten Anrede, jeweils am Anfang oder Ende eines Satzes gebraucht werden (also jemanden bei seinem Namen nennen). Andere Worte der direkten Anrede, wie **qaH** *Sir* oder **joHwI´** *mein Herr* werden auf die gleiche Weise im Satz verwendet.

torgh HIghoS *Torg, komm her!* (**HIghoS** *nähere dich mir!*)
    lu´ qaH *Ja, Sir!*

6. SYNTAX

Wie in jeder anderen Sprache kennt das Klingonische Sätze von denkbarer Einfachheit bis hin zu größter Komplexität. Im folgenden sollen nur die einfachsten Regeln des klingonischen Satzsbaus vorgestellt werden. Dieser Überblick sollte allen Studenten des Klingonischen einen so guten Einstieg in die Syntax ermöglichen, daß sie korrekte Sätze bilden und eine grammatikalisch korrekte Konversation führen können. Wenn diese auch nicht von höchster Eloquenz zeugen wird, so wird der Student Fortschritte durch die Konversation machen und seine Sprachkompetenz sukzessiv erweitern können.

6.1 Einfache Sätze/ Hauptsätze

Die Basisstruktur eines klingonischen Satzes zeigt folgende Struktur:

OBJEKT – PRÄDIKAT – SUBJEKT

Es fällt auf, daß diese Struktur die Reversierung der deutschen Satzstruktur darstellt, und gerade der deutsche Muttersprachler muß sich vorsehen, den klingonischen Satz nicht rückwärts zu interpretieren. Das Subjekt ist stets derjenige oder dasjenige, der die Handlung, die das Verb beschreibt, unternimmt; das Objekt ist der Rezipient oder Benefizient der jeweiligen Aktion des Subjektes. Die Wichtigkeit der Einhaltung der korrekten Satzstruktur kann

SYNTAX

an folgenden zwei Beispielen gezeigt werden:

puq legh yaS *Der Offizier sieht das Kind.*
yaS legh puq *Das Kind sieht den Offizier.*

In beiden Sätzen sind die verwendeten Worte identisch: **puq** *Kind*, **legh** *er/ sie sieht ihn/ sie* und **yaS** *Offizier*. Der einzige Weg, zu wissen, wer von wem gesehen wird, besteht in der korrekten Anordnung der Worte durch den Sprecher. Das Verb **legh** folgt dem Präfix **o** *er/ sie – ihm/ ihr.*
Wenn das Subjekt und/ oder Objekt in der ersten oder zweiten Person steht, muß das Präfix des Verbs dazu kongruent sein.

puq vlegh jIH *Ich sehe das Kind.*
 (**vIlegh** *ich sehe ihn/ sie*)
jIH mulegh puq *Das Kind sieht mich.*
 (**mulegh** *er/ sie sieht mich*)

Die Pronomen der ersten und zweiten Person werden in Sätzen dieses Typs selten verwendet (obwohl sie wie hier zum Zwecke der Emphase verwendet werden können). Die folgenden Sätze können also eher als Repräsentanten des beschriebenen Typs gelten.

puq vIlegh *Ich sehe das Kind.*
mulegh puq *Das Kind sieht mich.*

Imperativsätze (Befehle) folgen denselben Regeln:

So'wI' yIchu' *Aktiviert die Tarnvorrichtung!*
 (**So'wI'** *Tarnvorrichtung*, **yIchu'** *aktiviere es!*)
DoS yIbuS *Konzentriert (euch) auf die Ziele!*
 (**DoS** *Ziel*, **yIbuS** *Konzentriere dich auf etwas*)
yaSpu' tIHoH *Töte die Offiziere!*
 (**yaSpu'** *Offiziere*, **tIHoH** *Töte sie!*)

Jedes Nomen in dem Satz, das etwas anderes als Subjekt oder Objekt indiziert, steht vor dem Objektnomen. Solche Nomen enden für gewöhnlich auf ein Typ 5 Nomensuffix (Kapitel 3.3.5).

pa'Daq yaS vIleghpu' *Ich sah den Offizier im Zimmer.*

DAS KLINGONISCHE WÖRTERBUCH

(**pa'Daq** *im Zimmer*, **yaS** *Offizier*, **ylIeghpu'** *ich sah ihn/ sie*)

Siehe für andere Beispiele dieser Konstruktion Kapitel 3.3.5.

6.2 Komplexe Sätze

Einige von den häufiger vorkommenden Satztypen des Klingonischen werden im folgenden illustriert.

6.2.1 Zusammengesetzte Sätze

Zwei Hauptsätze können zu einem zusammengesetzten Satz verbunden werden. Die Bedingung ist, daß beide Sätze auch allein, d.h. unabhängig voneinander, grammatikalisch korrekt sind. Die Sätze werden durch eine Konjunktion (Kapitel 5.3) miteinander verbunden und einfach hintereinandergesetzt.

jISoptaH 'ej QongtaH *Ich esse (gerade), und er/ sie schläft (gerade).*
jISoptaH 'ach QongtaH *Ich esse (gerade), aber er/ sie ißt (gerade).*
bISoptaH qoj bItluhtlhtaH *Du ißt (gerade), und/ aber du trinkst (gerade).*
bISoptaH pagh bItlhutlhtaH *Entweder du ißt (gerade), oder du trinkst (gerade).*

Wenn das Subjekt der beiden Hauptsätze dasselbe ist, kann es in der deutschen Übersetzung zu einer weniger komplizierten Konstruktion reduziert werden, doch eine solche Verkürzung sieht die klingonische Sprache nicht vor. Das pronominale Präfix muß an beiden Verben verwendet werden. Die beiden letzten Sätze können also entweder mit *du trinkst und/oder ißt (gerade)* oder *entweder ißt du (gerade) oder trinkst (gerade)*.
Wenn ein Nomen (im Gegensatz zu einem simplen Verbalpräfix) Träger der Subjekt- und/oder Objektmerkmale ist, kennt das Klingonische verschiedene Möglichkeiten. Die vollständigste Weise besteht in der Wiederholung des Nomens.

yaS legh puq 'ej yaS qIp puq
Das Kind sieht den Offizier, und das Kind schlägt den Offizier.
(**yaS** *Offizier*, **puq** *Kind*, **legh** *er/ sie sieht ihn/ sie*, **qIp** *er/ sie*

SYNTAX

schlägt ihn/ sie)
oder
Das Kind sieht den Offizier und schlägt den Offizier.
oder
Das Kind sieht und schlägt den Offizier.

Es ist möglich, Pronomen anstatt der Nomen im zweiten der verbundenen Sätze zu verwenden.

yaS legh puq 'ej ghaH qIp ghaH
Das Kind sieht den Offizier, und er/ sie schlägt ihn/sie.
(**ghaH** *er/ sie*)
oder
Das Kind sieht den Offizier und schlägt ihn/ sie.

Wenn der Kontext klar ist, kann sogar das Pronomen ausgelassen werden.

yaS vIlegh 'ej vIqIp
Ich sehe den Offizier, und ich schlage ihn/ sie. (**vI-** *Ich - ihn/sie*)
oder
Ich sehe den Offizier und schlage ihn/ sie.
oder
Ich sehe und schlage den Offizier.

6.2.2 Nebensätze

Klingonische Verben, die auf ein Suffix vom Typ 9 (außer **'a'** Interrogation und **-wI** *jemand/ etwas der tut*) enden, erscheinen in einem Satz gemeinsam mit einem anderen Verb, von dem sie und der von ihnen regierte Satz abhängig sind.

cha yIbaH qara'DI'
oder
qara 'DI'cha yIbaH
Feuert die Torpedos auf mein Kommando!

Die beiden Teilsätze, aus denen der Satz besteht, sind **cha yIbaH** *Feuert die Torpedos!* und
qara'DI' *wenn ich es euch befehle* oder *sobald ich es Euch befehle*. **-DI'** ist ein Suffix vom Typ 9 in der Bedeutung *sobald als,*

DAS KLINGONISCHE WÖRTERBUCH

wenn, so daß **qara'DI'** Teil eines größeren Satzes sein muß. Beachten Sie, daß die Anordnung der Teilsätze variieren kann. Einige Beispiele sollen den Gebrauch von Nebensätzen verdeutlichen:

bIjatlhHa'chugh qaHoH
oder
qaHoH bIjatlhHa'chugh
Wenn Du das falsche sagst, werde ich dich töten
(**bijatlhHa'chugh** *wenn du falsch sagst,* **qaHoH** *ich töte dich*)

Beachten Sie, daß, obwohl die deutsche Übersetzung eine futurische Form (werde) verwendet, es in dem klingonischen Ausdruck keine futurische Markierung gibt. Das nicht suffigierte Verb **HoH** *töten* ist der Zeitenfolge gegenüber neutral: Wenn der Person, an die sich der Satz richtet, eine Chance zur Stellungnahme eingeräumt wird, muß die Person also noch leben, womit die Tötung erst in der Zukunft stattfinden kann.

SutlhtaHvIS chaH DIHIvpu'
oder
DIHI vpu'SutlhtaHvIS chaH
Während sie noch verhandelt hatten, griffen wir sie an
(**SutlhzaHvIS** *während sie verhandelt haben,* **chaH** *sie,* **DIHIvpu'** *griffen wir sie an*)

Die Bedeutung *verhandelt hatten* anstatt *verhandelt haben* rührt von dem Suffix **-pu'**, Perfektiv, am Verb **HIv** *angreifen* her. Eine Übersetzung wie *Während sie verhandeln, griffen wir sie an* macht im Deutschen wenig Sinn und entstellt die Bedeutung des klingonischen Satzes.

6.2.3 Relativsätze

Klingonische Relativsätze werden ins Deutsche mit Phrasen übersetzt, an deren Beginn Wörter wie *der, das, wo* stehen, meistens jedoch *das*. Ähnlich den Adjektiven dienen sie zur Beschreibung von Nomen: *der Hund, der rennt; die Katze, die schläft; die Maus, die spielt; das Restaurant, indem wir aßen*. Das Nomen, das durch einen Relativsatz modifiziert wird, ist der Kopf des Satzes. Im Klingonischen endet das Verb innerhalb des Relativsatzes mit

SYNTAX

dem Suffix der Klasse 9 **-bogh**, welches der Einfachheit halber mit *das* übersetzt wird.
Ob das Nomen, das den Kopf bildet, dem Relativsatz folgt oder vorangeht, bestimmt das Verhältnis des Relativsatzes zu seinem Kopf. Vergleichen Sie die folgenden Beispiele:

qIppu'bogh yaS *Der Offizier, der ihn/ sie geschlagen hat.*
yaS qIppu'bogh *Der Offizier, den er/ sie geschlagen hat.*

In beiden Sätzen ist der Relativsatz **qIppu'bogh** (**qIp** *schlagen*, **-pu'**, Perfektiv, **-bogh**, *der, das*) und das Kopfnomen **yaS** *Offizier*. Im ersten Satz ist **yaS** das Subjekt des Verbs **qIp** (der Offizier unternimmt das Schlagen), also folgt es **qIppu'bogh,** wie alle Subjekte dem Verb folgen. Im zweiten Satz ist **yaS** das Objekt des Verbs (der Offizier empfängt die Schläge), also geht es **qIppu'bogh** voran, wie alle Objekte vor dem Verb plaziert werden.
Die gesamte Konstruktion, bestehend aus Relativsatz und Kopfnomen, wird im Satz als Nomen behandelt. Dementsprechend folgt eine solche Konstruktion dem Verb des Satzes, also dem Prädikat des Hauptsatzes, je nachdem ob es Objekt- oder Subjektfunktion hat.

qIppu'bogh yaS vIlegh *Ich sehe den Offizier, der ihn/ sie schlägt.*

Da die gesamte Relativkonstruktion **qIppu'bogh yaS vIlegh** *Offizier, der ihn/ sie schläg*t das Objekt des Prädikates **vIlegh** *ich sehe* ist, steht es vor dem Verb.

mulegh qIppu'bogh yaS *Der Offizier, der ihn/ sie schlägt, sieht mich.*

In diesem Fall ist **qIppu'bogh yaS** das Subjekt des Prädikates **mulegh** *er/ sie sieht mich*, also folgt es dem Verb.
Dieses Schema gilt es auch zu befolgen, wenn Kopfnomen das Objekt des Prädikates des Relativsatzes sind wie **yaS qIppu'bogh** *Offizier, den er/ sie schlägt.*

yaS qIppu'bogh vIlegh *Ich sehe den Offizier, den er/ sie schlägt.*
mulegh yaS qIppu'bogh *Der Offizier, den sie/ ihn schlägt, sieht mich.*
In der deutschen Übersetzung können die Relativpronomen (der, die, das etc.) oftmals ausgelassen werden, während das Suffix **-bogh** im Klingonischen obligatorisch ist.

DAS KLINGONISCHE WÖRTERBUCH

6.2.4 Finalsätze

Wenn eine Handlung unternommen wird, um etwas zu erreichen oder mit dem Ziel, etwas zu Ende zu bringen, endet das Verb, das beschreibt, was vollendet werden soll, mit dem Suffix des Typs 9 **-meH**, welches mit *für, mit der Absicht des, um zu* übersetzt werden kann. Der Finalsatz steht immer vor dem Nomen oder dem Verb, dessen Absicht oder Ziel es beschreibt.

ja'chuqmeH rojHom neH jaghla' *Der feindliche Commander wünscht ein Treffen, um zu konferieren.*

Der Satz **ja'chuqmeH rojHom** *ein Treffen, (um zu) konferieren* ist das Objekt des Prädikates im Hauptsatz **neH** *er/ sie will es*. Das Subjekt ist **jaghla'** *Der feindliche Commander*, das Objekt ist das Nomen **rojHom** *Treffen*, welches einem Finalsatz **ja'chuqmeH** *zum Zwecke des Konferierens, um zu konferieren* folgt. (Das Verb setzt sich zusammen aus **ja'** *sagen, sprechen* und dem Suffix **-chuq** *gegenseitig*; also bedeutet *konferieren* sich *gegenseitig etwas sagen*.)

jagh luHomeH jagh lunejtaH *Sie suchen den Feind, um ihn zu töten.*

In diesem Beispiel ist der Finalsatz **jagh luHoHmeH** *um den Feind zu töten*, welcher aus dem Nomen als Objekt **jagh** *Feind*, vorangehend dem Verb **luHoHmeH** *um zu töten* (**lu** *sie - ihm/ihr*, **HoH** *töten*, **-meH** *für, um zu*) aufgebaut ist. Es beschreibt die Zielabsicht der übergeordneten Verhandlung **lunejtaH** *sie sind (dabei), ihn/ sie zu suchen* (**lu-** *sie - ihm/ ihr*, **nej** *suchen, aufspüren* **-taH** *kontinuierend*). Beachten Sie, daß, ähnlich wie in einem zusammengesetzten Satz, das Objektnomen **jagh** *Feind* in der Reihenfolge vor jedem Verb erscheint, für welches es die Objektfunktion innehat. Etwas wörtlicher kann der Satz also mit *In der Absicht, den Feind zu töten, suchen sie den Feind* übersetzt werden.

Darüber hinaus, ebenfalls dem zusammengesetzten Satz gleichend, kann das zweite zweier identischer Nomen durch ein Pronomen ersetzt werden, oder, wenn der Kontext es deutlich macht, ausgelassen werden.

SYNTAX

jagh luHoHmeH ghaH lunejtaH
jagh luHoHmeH luneltaH *Sie suchen den Feind, um ihn/sie zu töten.*

6.2.5 Sätze als Satzobjekte

Das Klingonische kennt die zwei Pronomen **'e'** und **net**, welche sich auf einen vorhergehenden Satz im ganzen beziehen. Sie werden vornehmlich, jedoch nicht ausschließlich, mit Verben des Denkens und des Beobachtens (wissen, sehen, kennen) verwendet. Sie werden stets als Objekt des Verbs behandelt und das Verb nimmt stets das Präfix, das ein Objekt in der dritten Person Singular anzeigt, an. Ein einzelner Satz im Deutschen wird im Klingonischen oft durch zwei Sätze ausgedrückt. **net** wird nur unter bestimmten Umständen (siehe unten) verwendet, aber die Verwendung von **'e'** ist häufig anzutreffen. Die folgenden Beispiele sollen den Gebrauch von **'e'** verdeutlichen:

qama'pu'DIHoH 'e' luSov *Sie wissen, daß wir Gefangene töten.*

Dieser Satz besteht eigentlich aus zwei Einzelsätzen. (1) **qama'pu' DIHoH** *Wir töten Gefangene* (**qama'pu'** *Gefangene*, **DIHoH** *wir töten sie*); (2) **'e'luSov** *Sie wissen, daß* (**'e'** *daß*, **luSov** *sie wissen es*). Das Pronomen **'e'** bezieht sich auf den vorhergehenden Satz: *Wir töten Gefangene.*

yaS qIppu' 'e' vIlegh *Ich sah ihn/ sie, daß er den Offizier geschlagen hat.*

Die beiden Sätze sind: (1) **yaS qIppu'** *Er/ Sie schlägt den Offizier*; (2) **'e' vIlegh** *Ich sehe, daß* (**vIlegh** *Ich sehe es*). Die Konstruktion kann also gleichermaßen mit *Ich sah, daß er/ sie den Offizier schlägt* übersetzt werden. Beachten Sie, daß das Verb des zweiten Satzes, **vIlegh** *Ich sehe es*, der Zeitenfolge gegenüber neutral ist. Die Vergangenheitsform in der Übersetzung (Ich sah...) leitet sich von dem Verb des ersten Satzes, **qIppu'** *er/ sie schlägt ihn/ sie* (**-pu'** Perfektiv), ab. In zusammengesetzten Sätzen dieses Typs ist das zweite Verb niemals Träger eines Suffixes der Aspektierung (Kapitel 4.2.7).
Wenn das Verb des zweiten Satzes ein Subjekt der dritten Person bei sich hat (also das pronominale Präfix **o**), aber die intendierte

DAS KLINGONISCHE WÖRTERBUCH

Bedeutung *jemand* oder *man* eher als *er, sie, es oder sie* ist, wird als Konjunktion **net** anstatt **'e'** verwendet.

qama'pu' DIHoH net Sov *Man weiß, daß wir Gefangene töten.*

Wie oben lautet der erste Satz **qama'pu' DIHoH** *Wir töten Gefangene.* Der zweite Satz ist **net Sov** *Jemand weiß, daß.* Die gesamte Konstruktion impliziert, daß es verbreitetes Wissen ist, daß die Gruppe, zu der der Sprecher gehört, Gefangene tötet.

Qu'vaD lI' net tu'bej *Man findet es sicherlich nützlich für die Mission.*

Der erste Teil dieses Satzes besteht aus **Qu'vaD lI'** *Es ist nützlich für die Mission* (**Qu'vaD** *für die Mission,* **lI'** *es ist nützlich*). Der zweite Teil wird aus **net tu'bej** *jemand findet sicherlich, daß* oder *man sieht sicherlich, daß* gebildet. Die Übersetzung der gesamten Konstruktion würde dann also lauten: *Man wird sicherlich sehen, daß es für die Mission nützlich ist.* Beachten Sie, daß die futurische Formulierung (wird sehen) die Übersetzung flüssiger macht, der klingonische Satz jedoch keine futurische Markierung beinhaltet.

Wenn es sich bei dem Verb des zweiten Satzes um **neH** *wollen* handelt, werden weder **'e'** noch **net** als Satzkonjunktion verwendet; die Konstruktionen sind jedoch trotzdem mehr oder weniger identisch zu den gerade beschriebenen:

jIQong vIneH *Ich möchte schlafen.*
(**jIQong** *Ich schlafe,* **vIneH** *Ich möchte es*)
qalegh vIneH *Ich möchte dich sehen.*
(**qalegh** *Ich sehe dich,* **vIneH** *Ich möchte es*)
Dalegh vIneH *Ich möchte, daß du ihn/ sie siehst.*
(**Dalegh** *Du siehst ihn/ sie,* **vIneH** *Ich möchte es*)
qama'pu' vIjonta' vIneH *Ich wollte Gefangene machen (fangen).*

Im letzten Beispiel ist der erste Satz **qama'pu' vIjonta'** *Ich fing Gefangene* (**qama'pu'** *Gefangene,* **vIjonta'** *Ich fing sie*). Beachten Sie nochmals, daß die Aspektmarkierung (in diesem Fall **-ta'** *erreicht, vollendet*) nur das erste Verb betrifft, das zweite Verb, **vIneH** *Ich möchte es,* zeitlich neutral ist. Die Vergangenheitsform

SYNTAX

in der Übersetzung (*Ich wollte...*) rührt von der Aspektierung des ersten Verbs her.

Desgleichen werden **'e'** und **net** nicht verwendet, wenn es sich um Verben des Sagens (sagen, sprechen, erzählen, fragen etc.) handelt. Hier folgen die beiden Teilsätze einfach aufeinander, wobei die Reihenfolge keine Rolle spielt.

qaja'pu' HIqaghQo' oder **HIqaghQo' qaja'pu'**
Ich sagte (befahl) dir, mich nicht zu unterbrechen.

Wörtlich lautet die Übersetzung *Ich sagte dir, „Unterbreche mich nicht!"* oder *„Unterbreche mich nicht!" sagte ich dir* (**qaja'pu'** *Ich sagte dir,* **HIqaghQo'** *Unterbreche mich nicht!"*). Eine Aspektierung, in diesem Falle **-pu'**, Perfektiv, kann den Verben des Sagens stets beigefügt werden, gleichgültig ob es sich dabei um das erste oder das zweite Verb handelt.

Zum Abschluß sei noch angemerkt, daß der Gebrauch von **rIntaH**, um anzuzeigen, daß eine Handlung abgeschlossen ist (Kapitel 4.2.7), ein anderes Beispiel einer Zwei-Verb – oder Zwei-Sätze-Konstruktion ist.

6.3 Das Verb „sein"

Das Klingonische kennt kein eigenes Verb, das dem deutschen Hilfsverb *sein* entspricht. Auf der anderen Seite können alle Pronomen (Kapitel 5.1) als Verben, also im Sinne von *Ich bin, du bist etc.* verwendet werden.

tlhIngan jIH *Ich bin Klingone.*
yaS SoH *Du bist (ein) Offizier.*
puqpu' chaH *Sie sind Kinder.*

Das Pronomen folgt dabei immer dem Nomen.
Desgleichen gibt es kein klingonisches Verb, das dem Verb *sein* im Sinne von *an einem Ort sein* im Deutschen entspricht. Auch hier tritt das Pronomen an seine Stelle, falls nötig in Kombination mit einem Verbalsuffix.

DAS KLINGONISCHE WÖRTERBUCH

pa'wIjDaq jIHtaH *Ich bin in meinem Quartier.*
(**pa'wIjDaq** *in meinem Quartier*, **jiH** *ich*,
-taH *andauernd, kontinuierlich*)

Im obigen Beispiel sind die Subjekte jeweils Pronomen. Wenn das Subjekt ein Nomen ist, folgt es in der Suffigierung dem Pronomen der dritten Person (**ghaH** *er/ sie*, **'oH** *es*, **chaH** *sie*; **bIH** *sie*) und nimmt zusätzlich das Suffix der Topisierung -**'e'** zu sich (Kapitel 3.3.5).

puqpu' chaH qama'pu' 'e' *Die Gefangenen sind Kinder.*
pa'DajDaq ghaHtaH la"e' *Der Commander ist in seinen Quartier.*

Die Sätze können auch übersetzt werden mit *Was die Gefangenen angeht, sie sind Kinder* und *Was den Commander angeht, er ist in seinem Quartier.*

6.4 Fragen

Es gibt zwei Arten von Fragen: Die einen können mit „Ja" oder „Nein" beantwortet werden, bzw. die erwartete Antwort ist eine von beiden. Die andere Art von Fragen fordert ein Erklärung als Antwort.
Fragen des erstens Typs werden mit dem Verbalsuffix der Klasse 9 -**'a'**, angehängt an das Verb des Hauptsatzes gebildet. Beispiele hierfür sind in Kapitel 4.2.9 zu finden.
Mögliche Antworten auf „Ja/ Nein„ - Fragen sind:

> **HIja'** oder **HISlaH** *Ja*
> **ghobe'** *Nein*

Die Fragen des zweiten Typs benötigen ein spezielles Fragewort:

> **chay'** *Wie?*
> **ghorgh** *Wann?*
> **nuq** *Was?*
> **nuqDaq** *Wo?*
> **qatkh** *Warum?*
> **'ar** *Wieviele? Wieviel?*
> **'Iv** *Wo?*

SYNTAX

Die Fragewörter **'Iv** *Wer?* und **nuq** *Was?* werden in einem Satz an der Stelle verwendet, dessen Platz von der erwarteten Antwort der Frage eingenommen werden würde, also:

yaS legh 'Iv *Wer sieht den Offizier?*
'Iv legh yaS *Wen sieht der Offizier?*

Der erste Frage bezieht sich auf das Subjekt des Satzes, bzw. das Nomen an der Subjektposition. Das Fragewort **'Iv** *Wer?* steht also an der Position des Subjektes im Hauptsatz und folgt dem Verb **legh** *er/ sie sieht ihn/ sie.* Im zweiten Fall bezieht sich die Frage auf das Objekt des Satzes und das Fragewort **'Iv** wird dementsprechend vor das Verb gesetzt.
Ähnlich verhält es sich mit dem Wort **nuq** *Was?*:

Duj ghoStaH nuq *Was nähert sich dem Schiff?*
   (**Duj** *Schiff, Fahrzeug,* **ghostaH** *es nähert*
   sich, es bewegt auf etwas zu)
nuq legh yaS *Was sieht der Offizier?*

Beide, **'Iv** und **nuq,** werden wie Nomen behandelt, zumindest was die Verwendung von pronominalen Präfixen angeht. Das heißt, sie stehen in der dritten Person.

nughoStaH nuq *Was kommt auf uns zu?*
   (**nughoStaH** *es nähert sich uns*)
nuq Dalegh   *Was siehst du?*
   (**Dalegh** *du siehst es*)

Bei dem Fragewort **nuqDaq** *Wo?* handelt es sich um **nuq** *Was?,* gefolgt von dem Suffix **-Daq**, Lokativ (Kapitel 3.3.5). Wie eine gewöhnlich Lokativphrase (Kapitel 6.1) steht es stets zu Anfang des Satzes.

nuqDaq So'taH yaS *Wo versteckt sich der Offizier?*
   (**So'taH** *er/ sie versteckt sich*)

Drei weitere Fragewörter stehen ebenfalls stets am Anfang des Satzes.

ghorgh Haw'pu' yaS *Wann ist der Offizier geflohen?*

DAS KLINGONISCHE WÖRTERBUCH

qatlh Haw'pu' yaS *Warum ist der Offizier geflohen?*
chay' Haw'pu' yaS *Wie ist der Offizier geflohen?*

Beachten Sie außerdem:

chay' jura' *Welches sind eure Befehle?*

Die Frage setzt sich zusammen aus **chay'** *Wie, Auf welche Weise?* und **jura'** *Ihr befehlt uns*, zusammengenommen also *Auf welche Weise kommandiert ihr uns?*
Das Fragewort **chay'** *Wie?* kann auch als Ein-Wort-Frage in der Bedeutung *Wie ist es geschehen?*, *Was ist passiert?* oder auch *Was zum Teufel ...?* verwendet werden.
Abschließend zu **'ar** *Wieviele?, Wieviel?*: Es folgt stets dem Nomen auf das es sich bezieht, kann jedoch niemals auf ein Nomen mit einem Pluralsuffix (**-pu'**, **-mey**, **-Du'**, siehe Kapitel 3.3.2) verweisen.

Haw'pu' yaS 'ar *Wieviele Offiziere sind geflohen?*
   (**Haw'pu'** *sie sind geflohen*, **yaS** *Offizier*)
nIn 'ar wIghaj *Wieviel Treibstoff haben wir?*
   (**nIn** *Treibstoff*, **wIghaj** *wir haben es*)

6.5 Befehle/ Aufforderungen

Befehle und Kommandos werden mit entsprechenden imperativischen Präfixen gebildet (Kapitel 4.1.2 und 4.3).

6.6 Komparative und Superlative

Um auszudrücken, daß etwas mehr oder größer als etwas anderes (Komparativ) ist, verwendet man im Klingonischen eine Konstruktion, die durch die folgende Formel veranschaulicht werden kann.

A Q law' B Q puS

In diesem Schema stellen A und B die Dinge dar, die verglichen werden sollen und Q den Maßstab anhand dessen sie verglichen werden. Die beiden klingonischen Ausdrücke innerhalb des Schemas sind **law'** *mehr sein, größer sein* und **puS** *weniger sein, ge-*

SYNTAX

ringer sein. Der Vergleich erfolgt also im Sinne von *As Q ist groß/ viel/ mehr, Bs Q ist kleiner/ weniger* oder *A hat mehr Q als B* oder *A ist Qer als B.*

Jedes Verb, das eine Qualität oder einen Zustand ausdrückt, kann also an die Stelle von Q gesetzt werden.

la' jaq law' yaS jaq puS *Der Commander ist mutiger als der Offizier.*
(**la'** *Commander,* **jaq** *mutig sein, unerschrocken sein,* **yaS** *Offizier*).

Um den Superlativ auszudrücken, also die Tatsache, daß etwas das Größte oder das Höchste von allem ist, wird das Nomen **Hoch** in der B Position verwendet.

la' jaq law' Hoch jaq puS *Der Commander ist der mutigste von allen.*

In Komparativ- und Superlativkonstruktionen muß das Verb, welches die zu vergleichende Qualität ausdrückt (**jaq** *mutig sein* in den obigen Beispielen), zweimal genannt werden.

7. UMGANGSSPRACHE/ „BESCHNITTENES KLINGONISCH"

Der vorliegende grammatikalische Überblick skizziert das reine oder „Hochklingonische", also die Sprache, die in der Schule gelehrt oder an Nicht-Klingonen weitergegeben wird. Im täglichen Gebrauch kennzeichnet die Kommunikation vieler Klingonen ein davon abweichender Sprachgebrauch, der sich insofern von seiner „reinen" Form unterscheidet, als daß zum Beispiel einige Elemente der Sprache in der Formulierung ausgelassen werden. Diese verkürzte oder umgangssprachliche Variante des Klingonischen wird von klingonischen Grammatikern „Beschnittenes Klingonisch" genannt. Es wird vor allem im militärischen Kontext verwandt, wo weniger eine eloquente als eine schnelle Kommunikation erforderlich ist und gefordert wird. Vielleicht ist das der Grund, warum das „beschnittene Klingonisch" in vielen Teilbereichen des Alltags von den Klingonen verwendet wird.
Einige Charakteristika dieser Umgangssprache werden im folgenden beschrieben.

7.1 Befehle/ Aufforderungen

Bei der Vergabe von Befehlen wird das Imperativsuffix (Kapitel 4.1.2) häufig weggelassen, so daß nur die nackte Verbform Verwendung findet.

BESCHNITTENES KLINGONISCH

Korrektes Klingonisch: **yIbaH** *Feuern (die Torpedos)!*
Umgangssprachliche Verkürzung: **baH**

Korrektes Klingonisch: **wIy ycha'** *Zeigt die taktische Darstellung!*
Umgangssprachlich: **wIy cha'**
(**wIy** *taktische Darstellung auf dem Monitor,* **cha'** *zeigen, projizieren*)

Korrektes Klingonisch: **He chu'yIghoS** *Neuem Kurs folgen!*
Umgangssprachlich: **He chu'ghoS**
(**He** *Kurs,* **chu'** *neu, erneuert (sein),* **ghoS** *einem Kurs folgen*)

Wenn das Objektnomen unbestimmt ist oder es für den Angesprochenen offensichtlich ist oder sein sollte, welchen Sachverhalt das Nomen ausdrückt, kann dieses allein als Befehl oder Kommando verwendet werden.

Korrektes Klingonisch: **chuyDaH yIlaQ** *Schubkraft*
Umgangssprachlich: **chuy DaH** *Schubkraft!*
(**chuy DaH** *Schub, Kraft,* **laQ** *initialisieren, in Betrieb nehmen*)

Korrektes Klingonisch: **HaSta yIcha'** *Visuelle Darstellung auf den Schirm!*
Umgangssprachlich: **HaSta** *Visuelle Darstellung!*
(**HaSta** *visuelle Darstellung auf dem Monitor,* **cha'** *zeigen, darstellen*)

Schließlich werden oftmals andere grammatikalische Markierungen, im speziellen Nomensuffixe, in Befehlen oder Kommandos nicht verwendet.

Korrektes Klingonisch: **jolpa'Daq yIjaH** *Geht in den Transporterraum!*
Umgangssprachlich: **jolpa' yIjaH**
(**jolpa'** *Transporterraum,* **-Daq** *Lokativ,* **jaH** *gehen*)

Wenn die Nomensuffixe in der Umgangssprache „geschnitten" werden, werden für gewöhnlich die Imperativsuffixe am Verb ebenfalls weggelassen.

DAS KLINGONISCHE WÖRTERBUCH

7.2 Erwiderungen

Erwiderungen oder Antworten auf Befehle oder Aufforderungen werden, ähnlich den Zustandsberichten, ebenfalls meist verkürzt.

Korrektes Klingonisch: **So'wI' vIchtu'ta'** *Ich habe die Tarnvorrichtung aktiviert!*
Korrektes Klingonisch: **so'wI' chu'lu'ta'** *Die Tarnvorrichtung ist aktiviert worden!*
Umgangssprachlich: **So'wI chu'ta'** *Tarnvorrichtung aktiviert!*
(**So'wI'** *Tarnvorrichtung*, **vIchu'ta'** *ich habe es aktiviert*, **chu'lu'ta'** *es ist aktiviert worden*)

Im vorhergehenden Beispiel kann die Verkürzung der korrekten Ausdrücke entweder durch Auslassung des Präfixes **vI-** *ich – es* oder des Suffixes **-lu'**, indefinites Subjekt, erreicht werden.

Korrektes Klingonisch: **jIyajchu'** *Ich verstehe deutlich.*
Umgangssprachlich: **yajchu'** *Verstehe deutlich* (**yaj** *verstehen*, **-chu'** *klar, deutlich*)

In diesem letzten Beispiel ist die durch Auslassung von **jI-**, *ich*, verkürzte Phrase die Antwort auf eine bereits verkürzte Frage wie **yaj'a'**, *Verstanden?* (vergleiche mit der korrekten Form **bIyaj'a'** *Hast du verstanden?*)

7.3 Erregung/Zwang

Wenn es notwendig ist, sich in eine Situation großer Gefahr zu bringen oder aus anderen Gründen Druck auf den Sprecher ausgeübt wird, neigen Klingonen dazu, die pronominalen Präfixe auszulassen, um so den Sprachgebrauch zu verkürzen und zu beschleunigen. Diese Form der Verkürzung ist auch üblich, wenn ein Klingone aus anderen Gründen erregt ist.

Korrektes Klingonisch: **qama´pu´ vIjonta´ vIneH** *Ich wollte Gefangene machen!*
verkürzte Form: **qama´pu´ jonta´ neH** *Wollte Gefangene!*
(**qama´pu** *Gefangene*, **vIjonta´** *ich habe sie gefangengenommen*, **vIneH** *ich wollte sie/es*)

BESCHNITTENES KLINGONISCH

Aus dem Kontext heraus wird deutlich, daß der Sprecher derjenige ist, dem grammatikalisch das Wollen und das Gefangennehmen zugeordnet wird, auch wenn das pronominale Präfix **vI-**, *ich – sie* fehlt.

WÖRTERVERZEICHNIS

VORBEMERKUNG

Das Wörterverzeichnis umfaßt vier Teile: (1) Klingonisch – Deutsch, (2) Deutsch – Klingonisch, (3) eine Affixauflistung in klingonischer Ordnung und (4) eine Affixauflistung in deutscher Ordnung. Die klingonische, alphabetische Ordnung:

**a, b, ch, D, e, gh, H, I, j, l, m, n, ng,
o, p, q, Q, r, S, t, tlh, u, v, w, ´**

Beachten Sie, daß **ch, gh, ng** und **tlh** eigenständige Buchstaben sind, die Silbe **nga** folgt also in der klingonischen Liste auf die Silbe **no** und nicht umgekehrt. Die klingonischen Ausdrücke werden innerhalb der Liste zum Teil genauer spezifiziert um Ambiguitäten auszuschließen. Gemäß der deutschen Rechtschreibung werden Nomen und nominalisierte Ausdrücke groß, Verben und als Adjektive verwendete Verbformen klein geschrieben. Zusätzlich werden folgende Abkürzungen verwendet, um die Wortarten deutlicher zu spezifizieren.

(Adv.)	Adverbialer Ausdruck	(Kapitel 5.4)
(Konj.)	Konjunktion	(Kapitel 5.3)
(Exklam.)	Exklamativer Ausdruck, Ausruf	(Kapitel 5.5)
(Num.)	Numerale/ Zahlwörter	(Kapitel 5.2)
(Pro.)	Pronomen	(Kapitel 5.1)

Bei der Durchsicht des Wörterverzeichnisses werden Sie bemer-

DAS KLINGONISCHE WÖRTERBUCH

ken, daß es eine Reihe von Nomen- und Verb-Paaren gibt, d.h. ein und derselbe Ausdruck kann als Nomen oder als Verb verwendet werden, natürlich mit der entsprechenden Spezifizierung durch Präfixe und Suffixe. Darüber hinaus gibt es einige Wörter, die sich in Form und zum Teil auch in Bedeutung mit der einiger Affixe decken (so bedeutet **laH** als Nomen aufgefaßt *Fertigkeit* oder *Fähigkeit*, **-laH** als Suffix aufgefaßt wird am Verb mit der spezifizierenden Bedeutung *können, fähig sein zu* gebraucht).

Davon abgesehen kennt das Klingonische eine gewisse Anzahl von Synonymen, also unterschiedliche Ausdrücke, die dieselbe Bedeutung tragen (zum Beispiel **joH, jaw** *Herr*, **chetvI', DuS** *Torpedorohr*). Manchmal kann ein solches Paradigma von Synonymen analysiert werden. So setzt sich das Wort **baHwI'** *Schütze* aus dem Verb **baH** *einen Torpedo feuern* und dem Suffix **-wI'** *einer, der etwas tut* zusammen. Im Gegensatz dazu konnten die Wurzeln des zweiten Ausdrucks für *Schütze* **matha'** bisher noch nicht befriedigend erklärt werden. In anderen Fällen können die jeweiligen Wortwurzeln aus unterschiedlichen Synonymschemen abgeleitet werden. Das Wort **jonta'** *Maschine* beginnt mit der Silbe **jon**, die auch in dem Wort **jonwI'** *Maschinist* begegnet und endet auf **ta'**, eine Silbe, die auch in dem Wort **mIqta'** *Maschinerie* vorkommt, wobei der klingonische Ausdruck für *Maschinerie* bisher noch nicht vollständig etymologisch hergeleitet werden konnte, ebensowenig wie ein weiterer Ausruck desselben Synonymschemas **QuQ** *Maschine*. (Es ist wahrscheinlich, daß es Synonymgruppen gibt, die drei oder vier Ausdrücke enthalten, doch bis jetzt konnten noch keine Beispiele erbracht werden.)

Auch konnte bisher noch nicht befriedigend erklärt werden, ob bestimmte Synonyme in unterschiedlichen Situationen zur Anwendung kommen. Möglicherweise verbirgt sich im Gebrauch der Synonyme eine verborgene soziale Struktur innerhalb der klingonischen Kultur, da viele dieser Synonymgruppen dem militärischen oder politischen Bereich zuzurechnen sind (z.B. **yaS, 'utlh** *Offizier*). Auf der anderen Seite referieren andere Synonympaare auf den Bereich der Mechanik und des Maschinenbaus (z. B. *Maschine* und *Torpedorohr* wie oben illustriert). Ein größeres Verständnis der klingonischen Technologie würde vielleicht helfen, geringe Bedeutungsnuancen im Synonymgebrauch aufzudecken. Obwohl das Synonymverständnis der heutigen etymologischen Forschung noch in den Kinderschuhen steckt, kann sich der Student des Klingonischen doch relativ sicher sein, im Synonymge-

VORBEMERKUNG

brauch des Klingonischen keine schwerwiegenden Fehler oder sozialen Fehlnisse zu begehen, wenn er wahlweise das eine oder andere Exemplar einer Synonymgruppe verwendet.
Die verschiedenen Paarungen (Nomen/ Verb, Begriff/ Suffix, Synonyme) sind vor allem von großem sprachhistorischen Interesse, da davon ausgegangen werden kann, daß sie Informationen über frühere Sprachstufen des heutigen Klingonischen enthalten. Leider ist eine historisch-linguistische Untersuchung im Rahmen dieser Publikation nicht einmal im Ansatz zu leisten.
Das Wörterverzeichnis *Deutsch – Klingonisch* ordnet die Einträge assoziativ, um eine möglichst rasche Auffindung des gesuchten Wortes ohne längere grammatikalische Überlegungen zu ermöglichen. Es werden, um voreilige begriffliche Festlegungen zu vermeiden, häufig Bedeutungsparadigma angeboten. Da das Klingonische keine eigene Wortart kennt, die den Adjektiven unserer Sprache entspricht, werden die entsprechenden klingonischen Begrifflichkeiten im Deutschen normalerweise durch die Zusammensetzung des Partizips mit eingeklammerten Hilfsverben *sein, haben, werden* dargestellt.

KLINGONISCH – DEUTSCH

bach	schießen
bach	Schuß
baH	feuern
baHwI´	Schütze(In)
bang	Liebe, Geliebte, Geliebter
baS	Metall
batlh	Ehre
batlh	geehrt (Adv.)
bav	Orbit
ba´	sitzen
bech	leiden
begh	Deflektoren
beH	Gewehr
bej	beobachten
bel	Entzücken, Vergnügen
bel	entzückt (sein)
belHa´	verärgert (sein)
ben	vor langer Zeit
bep	Agonie
bep	Beschwerde, Schmerz
beq	Crew, Crewmitglied
bergh	irritiert (sein)
be´	Frau
be´Hom	Mädchen
be´nal	Ehefrau

be'nI' • chagh

be´nI´	Schwester
bID	Hälfte
bIghHa´	Gefängnis
bIH	sie, ihnen (Pron.)
bIng	Bereich, oberhalb oder unterhalb
bIp	hunderttausend
bIQ	Wasser
bIQtIq	Fluß
bIQ´a´	Ozean
bIr	kalt (sein)
bIt	nervös (sein)
bIv	verletzen (von Regeln)
bobcho´	Modul
boch	fröhlich
bogh	geboren werden
boH	ungeduldig (sein)
boj	nörgeln
bong	zufällig, durch einen Unfall
boq	Allianz
boQ	Unterstützung
boQ	Hilfe
boQDu´	Sanitäter(In)
bortaS	Rache
boS	sammeln, erfassen
bot	verhindern, vorbeugen
botlh	Mittelpunkt
bov	Ära
bo´DIj	Gericht
buD	faul, faul (sein)
bup	verlassen
buQ	drohen, androhen
burgh	Magen
buS	nachdenken über, konzentrieren auf
butlh	Schmutz unter Fingernägeln
buv	Klassifikation
buv	klassifizieren
bu´	Unteroffizier(In)
cha	Torpedos
chach	Notfall
chagh	fallen lassen

chaH	sie, ihnen (Pron.)
chal	Himmel
chamwI´	Techniker(In)
chap	Handrücken
chaq	vielleicht, eventuell
chargh	erobern
chav	Ziel erreichen, Erfolg erzielen
chav	Erfolg, Ziel
chaw´	erlauben, gestatten
chay´	Wie? Auf welche Weise? (Pron.)
cha´	zeigen, vorführen
cha´	zwei (Num.)
cha´DIch	Zweite (Num.), zweite Mal
cha´Hu´	vorgestern
cha´leS	übermorgen
cha´logh	doppelt, verdoppelt (Adv.)
cha´puj	Dilitium
cha´pujqut	Dilitiumkristall
chech	betrunken, vergiftet
chegh	rückkehren
cheH	defekt, kaputt
chel	hinzufügen
chen	aufbauen, gestalten
chep	gedeihen, aufblühen
cher	etablieren
chergh	tolerieren
chetvI´	Torpedorohr
chev	separieren, trennen
che´	regieren, führen
chIch	intendiert, beabsichtigt
chID	anerkennen, aufnehmen
chIj	navigieren
chIjwI´	Navigator(In)
chIm	unbewohnt, verwüstet, leer
chIp	schneiden (Haare)
chIrgh	Tempel
chIS	weiß (sein)
choH	wechseln, verändern
choH	Veränderung
chol	nähern, sich annähern
choljaH	Haarklammer

chom	Wirt, Barmann (m., f.)
chong	aufrecht (sein)
chop	Biß
choq	bewahren, beschützen
chor	Bauch
chorgh	acht (Num.)
chorghDIch	Achte (Num.) (m., f.)
choS	Wüste
choS	Zwielicht
chot	morden, ermorden
chovnatlh	Exemplar, Probe
chuch	Eis
chun	unschuldig (sein)
chunDab	Meteor
chung	beschleunigen
chup	empfehlen
chuq	Reichweite, Distanz
chuQun	Nobilität, Edelmut
chuS	laut (sein), geräuschvoll
chut	Gesetz
chuv	übrig (sein)
chuvmey	Überbleibsel, Rest
chuyDaH	Stoß, Stoßkraft
chu´	neu (sein), frisch (sein)
chu´	zünden, aktivieren (eine Maschine)
Dach	abwesend (sein)
DaH	jetzt
Daj	interessant (sein)
Dal	langweilig (sein)
Dan	okkupieren (milit.)
Dap	Unsinn
Daq	belauschen, horchen
DaQ	Pferdeschwanz (Frisur)
DaS	entlassen, hinauswerfen
DaSpu´	Stiefelabsatz
Dat	überall
Daw´	revoltieren, aufbegehren
Daw´	Revolution, Aufstand
Da´	Korporal, milit. Rang (m., f.)
Deb	Öde

Dech	umgeben
Degh	Helm
DeghwI´	Steuermann (m., f.)
Dej	zusammenbrechen, kollabieren
Del	beschreiben
DenIb	Denebia
DenIbngan	Denebianer (m., f.)
DenIb Qatlh	denebianischer Schleimteufel
Dep	Lebewesen, nicht menschlich
DeQ	Credit, Währungseinheit
DeS	Arm
Dev	anleiten, führen
De´	Information
De´wI´	Computer
DIb	Privileg
DIch	Sicherheit
DIl	bezahlen
DIlyum	Trillium
DIng	Drehung
DIp	Nomen
DIr	Oberfläche, Haut
DIS	Höhle
DIS	gestehen
DIS	Jahr (klingon. Zeitmaß)
DIv	schuldig (sein)
DIvI´	Föderation, Organisation
DIvI´may´Duj	Föderationskampfschiff
Do	Geschwindigkeit
Doch	brutal (sein)
Doch	Ding, Gegenstand
Dogh	ungeschickt (sein), dumm
Doghjey	Übergabe, bedingungslose Kapitulation
DoH	wegbegeben von etwas
Doj	beeindruckt (sein)
Dol	Einheit
Dom	Radan (unbearbeiteter Dilitiumkristall)
Don	parallel zu, im gleichen Abstand
Dop	Seite
Doq	orange, rot (sein)
DoQ	abstecken (ein Territorium)
Dor	eskortieren

DoS • ghIch

DoS	Ziel
Dotlh	Status
Doy´	müde (sein)
Doy´yuS	Troyius (Name)
Do´	belohnt werden, beglückt (sein)
Do´	beglückt (Adv.)
Dub	Rücken (des Körpers)
Dub	ausprobieren, testen
DuD	mischen, vermischen
Dugh	wachsam (sein)
DuH	möglich (sein)
DuH	Möglichkeit, Option
Duj	Instinkt
Duj	Schiff, Fahrzeug
Dum	Schläfchen, Nickerchen
Dun	großartig, wunderbar (sein)
Dung	Bereich, oberhalb oder unterhalb liegend
Dup	Strategie
DuQ	Stich, Stichwunde
DuS	Torpedorohr
DuSaQ	Schule
Duv	Fortschritt
Duy	Agent, Abgesandter (m., f.)
Duy´	defekt (sein), nicht funktionieren
Duy´	Defekt
Du´	Farm, Landwirtschaft
ghagh	gurgeln
ghaH	er/sie, ihm/ihr (Pron.)
ghaj	haben, besitzen
ghap	oder (Konj.)
ghaq	beitragen, dazugeben
ghar	diplomatische Beziehungen aufnehmen
ghar	Diplomatie
ghargh	Schlange, Wurm
gharwI´	Diplomat(In)
ghatlh	dominieren
ghegh	rauh, brutal (sein)
ghem	Mitternachtsmahl
ghIb	Einwilligung, Zustimmung
ghIch	Nase

ghIgh • ghuH

ghIgh	Halskette, Schmuck
ghIH	unordentlich, nachlässig (sein)
ghIj	erschrecken
ghIm	exilieren, ins Exil gehen
ghIpDIj	Kriegsgericht
ghIQ	Urlaub nehmen, beurlauben
ghIr	heruntersteigen, niedergehen
ghItlh	Manuskript
ghItlh	schreiben
gho	Kreis, Zirkel
ghob	Ethik, Sitten
ghobe´	Nein! (exklamativer Ausdruck)
ghoch	Ziel, Schicksal
ghoD	stopfen, füllen
ghogh	Stimme, Ruf
ghoH	argumentieren, disputieren
ghoj	lernen
ghojmoH	lehren, instruieren
ghojwI´	Student, Schüler (m., f.)
ghol	Feind, Opponierender (m., f.)
ghom	Gruppe, Zusammenschluß
ghom	treffen, zusammenschließen
ghomHa´	verstreuen, auseinandergehen
ghom´a´	Menge
ghong	mißbrauchen
ghong	Mißbrauch
ghop	Hand
ghopDap	Asteroid
ghoq	spionieren
ghoqwI´	Spion (m., f.)
ghor	unterbrechen, pausieren
ghor	Planetenoberfläche
ghorgh	Wann?
ghoS	kommen, folgen, ankommen, fortbewegen
ghoS	vorstoßen
ghot	Person (humanoid)
ghov	erinnern
gho´	fortfahren
gho´Do	Unterlichtgeschwindigkeit
ghu	Baby, Kleinkind
ghuH	Bereitschaft

ghuH	bereithalten, in Alarmbereitschaft sein
ghuHmoH	warnen
ghum	Alarm
ghum	alarmieren
ghun	programmieren
ghung	hungrig sein
ghup	schlucken
ghur	erhöhen
ghuS	bereit sein, fertigmachen
ghu´	Situation
Hab	weich sein, nachgiebig
HablI´	Sendeanlage für Daten
Hach	entwickelt, zivilisiert (sein)
HaD	studieren, erkunden
Hagh	lachen
Haj	fürchten, Angst haben
Hal	Quelle
HanDogh	Beiboot, Rettungsschiff
Hap	Materie
Haq	Operation (medizinisch)
HaQchor	Saccharin, Zucker
Har	glauben
HaSta	Monitor, Display
Hat	illegal (sein)
Hat	Temperatur
Hatlh	Land, Landschaft
Haw´	fliehen, verlassen
Hay´	Duell
Ha´	Los! Auf geht's! (Exklam.)
Ha´DIbaH	Tier
He	Kurs, Route
Hech	intendieren, im Begriff (sein)
HeD	zurückziehen, ungültig (machen)
HeDon	Parallelkurs
Hegh	sterben
HeghmoH	fatalistisch (sein)
HeH	Rand, Kante
Hej	rauben, stehlen
Hem	stolz (sein)
HeQ	einwilligen, erfüllen

Hergh • Hotlh

Hergh	Medizin, Arznei
HeS	Verbrechen
HeS	Verbrechen begehen
HeSwI´	Krimineller, Verbrecher (m., f.)
Hev	empfangen
He´	riechen, ausdünsten
He´So´	stinken
HIch	Handfeuerwaffe
HIchDal	Schleuse
HIDjolev	Menü
HIgh	unehrenhaft kämpfen
HIja´	Ja. Wahrlich. (Antwort auf Ja/Nein-Fragen)
HIp	Uniform
HIq	Flüssigkeit
HISlaH	Ja. Wahrlich. (Antwort auf Ja/Nein-Fragen)
HIv	Angriff
HIvje´	Glas, Trinkgefäß
HI´	Diktator (m., f.)
HI´tuy	Diktatur
Hob	gähnen
Hoch	jedermann, alles, jedes
HoD	Kapitän (m., f.)
Hogh	schwach
HoH	töten
HoH´egh	Selbstmord begehen
Hoj	vorsichtig (sein)
Hol	Sprache
Hom	Knochen
Hon	Zweifel
Hong	Impulskraft
Hop	entfernt, weit weg (sein)
Hoq	Expedition
Hoqra´	Trikorder
HoS	stark (sein)
HoS	Stärke, Energie, Macht
HoSchem	Energiefeld
HoSDo´	Lebewesen (aufgebaut aus reiner Energie)
HoSghaj	stark (sein)
Hot	berühren, fühlen
Hotlh	projizieren, auf den Schirm geben
Hotlh	scannen

HotlhwI'	Scanner
Hov	Stern
Hovtay'	Sternensystem
Hoy'	gratulieren
Ho'	bewundern
Ho'	Zahn
Ho''oy'	Zahnschmerzen
Hu	Zoo
Hub	verteidigen
Hub	Verteidigung
Huch	Geld
HuD	Berg
Hugh	Kehle
Huj	beauftragen
Huj	stark (sein)
Hum	ungern bereit (sein)
Human	Mensch (m., f.)
Hung	Sicherheit
Hup	bestrafen
Huq	aushandeln, ein Geschäft abschließen
Hur	außerhalb liegende
Hurgh	dunkel (sein)
Hurgh	Gurke
HuS	hängen
Hut	neun (Num.)
HutDIch	Neunte (Num.) (m., f., n.)
Huv	deutlich, nicht verschlagen (sein)
Huy'	Augenbraue
Hu'	Zeitraum vor ein paar Tagen
Hu'	aufstehen, sich erheben
jab	servieren
jabbI'ID	Datenübertragung
jach	schreien, kreischen
jagh	Feind (m., f.)
jaH	gehen
jaj	Tag (von Dämmerung zu Dämmerung)
jajlo'	Dämmerung
jan	Gerät
jang	Anwort, Entgegnung
jaq	kühn, mutig (sein)

jar • jonta'

jar	Monat (klingon. Zeitmaß)
jat	Zunge
jatlh	sprechen
jav	sechs (Num.)
javDIch	Sechste (m., f., n.)
jaw	Herr, Meister
jaw	unterhalten
ja'	sagen
ja'chuq	diskutieren, Konferenz abhalten
je	und, auch (Konj.)
jech	Verschleierung, Maskierung
jegh	aufgeben
jeH	abwesend (sein)
jej	scharf, geschliffen (sein)
jen	hoch, hochgestellt (sein)
jeQ	selbstzufrieden (sein)
jeS	anteilig (sein), partizipieren
jev	Sturm
jey	besiegen
je'	kaufen, erstehen
je'	füttern, versorgen (einen anderen)
jIb	Kopfhaar
jIH	ich, mir (Pron.)
jIH	Anzeigetafel, Schirm
jIj	zusammenarbeiten, kooperieren
jIl	Nachbar (m.,f.)
jInmol	Projekt
jIp	Strafe
jIv	ignorant (sein)
jo	Reserven
joch	gefährlich (sein)
joD	herablassen, etwas zu tun (sich)
joH	Herr, Beherrscher
joj	Bereich, Raum zwischen etwas
jojlu'	Konsul (m.,f.)
jol	beamen, transportieren
jol	Transporterstrahl
jolpa'	Transporterraum
jolvoy'	Ionisierungseinheit des Transporters
jon	fangen, gefangennehmen
jonta'	Maschine

jonwI' • leH

jonwI'	Maschinist (m., f.)
joq	winken
joq	oder, und/oder (Konj.)
joqwI'	Fahne, Flagge
jor	explodieren
jorwI'	Geschoß, Explosivgeschoß
joS	Gerücht, Tratsch
joS	tratschen, Geräusch
jot	kühl, gefaßt (sein)
jotHa'	unentschlossen (sein)
jotlh	dabeihaben, mit sich führen
joy'	Folter, Tortur
jo'	Maschinerie
jub	unsterblich (sein)
jubbe'	sterblich (sein)
juH	Heimat, Zuhause
jum	seltsam, ungewöhnlich (sein)
jun	ausweichen, umgehen
jup	Freund (m., f.)
juS	übernehmen
juv	Maß
lab	Daten übertragen
lach	übertreiben
laD	lesen
laH	Möglichkeit, Fähigkeit
laj	akzeptieren
laj	Akzeptanz
lalDan	Religion
lam	schmutzig (sein)
lam	Schmutz
lan	Platz, Ort
lang	dünn (sein)
laQ	feuern, Energie erhöhen
largh	riechen, Gerüche wahrnehmen
laSvargh	Fabrik
law'	vielfach, viele (sein)
lay'	versprechen
la'	Commander (milit. Rang)
legh	sehen
leH	Beibehaltung, Aufrechterhaltung

leH	beibehalten
leI	hinausgehen, heraustragen
leng	Wanderung, kleinere Reise, Trip
leng	Reise, Fahrt
lengwI´	Wanderer, Reisender
leQ	schalten, in Betrieb nehmen
leS	Zukünftige
leS	ruhen, ausruhen
leSpoH	Landurlaub
let	hart, stark (sein)
le´	außergewöhnlich (sein)
lIgh	reiten
lIH	einführen, vorführen
lIj	vergessen
lIm	Panik
lInDab	Spionage
lIng	produzieren, hervorbringen
lIq	zusammenschließen, versammeln
lIS	justieren, richten
lIy	Komet
lI´	nützlich (sein)
lI´	Daten übertragen
lob	gehorchen
lobHa´	ungehorsam (sein), nicht gehorchen
loch	Schnurrbart
loD	Mann, männlich
loDHom	Junge
loDnal	Ehemann, Gatte
loDnI´	Bruder
logh	Raum, Weltraum
loH	verwalten, Recht sprechen
loH	Verwaltung
loj	untergehen, untergegangen (sein)
lojmIt	Tür, Durchgang, Tor
lolSeHcha	Verhaltenskontrolle
lom	Leiche, Leichnam
lon	abbrechen, Hoffnung aufgeben
lop	feiern
loQ	leicht, ein bißchen (Adv.)
loS	vier (Num.)
loS	warten auf etwas

loSDIch	Vierte (m., f., n.)
loSpev	Quadrotritical
lot	Katastrophe
lotlh	rebellieren
lotlhwI´	Rebell (m., f.)
loy	raten, überlegen
lo´	benutzen, verwenden
lo´laH	Wert besitzen, von Wert sein
lo´laHbe´	wertlos, nutzlos (sein)
luch	Ausrüstung, Ausstattung
lugh	richtig, korrekt (sein)
luH	reißen, zerren
luj	fallen, versagen
lulIgh	Zuflucht
lum	verschieben, aufschieben
lup	zweite (Num.) Mal (Temp.)
lup	transportieren
luq	Ja! Okay! Das werde ich (tun)! (Exklam.)
lur	Schüler (m., f.)
lurDech	Tradition
lut	Geschichte, Erzählung
lutlh	primitiv, unterentwickelt (sein)
lu´	Ja! Okay! Das werde ich (tun)! (Exklam.)
mab	Abkommen, Übereinkommen
mach	klein (sein)
magh	betrügen, verraten
maghwI´	Betrüger, Verräter
maH	zehn (Num.)
maH	wir, uns (Pron.)
maj	Gut! (Exklam.)
majQa´	Sehr gut (gemacht)! (Exklam.)
malja´	Gewerbe, Arbeit, Angelegenheit
mang	Soldat (m., f.)
mangghom	Armee
maq	proklamieren, verkünden
maS	Mond
maS	vorziehen, bevorzugen
maSwov	Mondlicht
matHa´	Schütze (m., f.)
mavjop	Papierklammer

maw	beleidigen, kränken
maw'	verrückt (sein)
may	fair, gerecht (sein)
may'	Kampf
may'Duj	Kampfkreuzer
may'morgh	Schlachtordnung
ma'	unterbringen, anpassen
meb	Gast (m., f.)
mech	handeln
megh	Mahlzeit, Mittagessen
meH	Schiffsbrücke
mem	Katalog
mep	Plastik, Kunststoff
meq	Vernunft, Grundlage
meq	überlegen, vernünftig schließen
meQ	brennen, verbrennen
mer	überraschen
mev	aufhalten
mIch	Sektor, Zone
mID	Kolonie
mIgh	böse, gefährlich (sein)
mIm	verspäten
mIn	Auge
mIp	reich, wohlhabend (sein)
mIqta'	Maschinerie, Technik
mIr	Kette
mIS	verwirrt, konfus (sein)
mIS	Konfusion, Verwirrung
mISmoH	verwirren
mIv	Helm
mIy	Prahlerei, Angeberei
mI'	Nummer, Zahl
mob	allein (sein)
moch	Vorgesetzter (m., f.)
moD	beeilen (sich)
mogh	frustriert, enttäuscht (sein)
moH	abstoßend (sein)
moHaq	Präfix
moj	werden, entstehen
mojaq	Suffix
mol	begraben, beerdigen

mol	Grab
mon	Hauptstadt
mong	Nacken
mongDech	Kragen
mop	Gewand, Robe
moQ	Sphäre
moS	Kompromiß schließen
motlh	gewöhnlich (sein)
motlhbe´	ungewöhnlich (sein)
moy´bI´	Schlingenschuß
mo´	Käfig
mub	legal (sein)
much	präsentieren, jemanden vorstellen
much	Vorstellung, Präsentation
muD	Atmosphäre
mugh	übersetzen
mughato´	Mugato
mughwI´	Übersetzer
muH	exekutieren
muj	falsch (sein)
mul	eigensinnig (sein), hartnäckig (sein)
mung	Abstammung, Ursprung
mup	Einschlag, Gegenschlag
muS	hassen, ablehnen
mut	eigennützig (sein)
mut	Spezies
muv	teilnehmen, einreihen (sich)
mu´	Wort
mu´ghom	Wörterbuch, Diktionär
mu´tay´	Vokabelverzeichnis
mu´tlheg	Satz
nab	planen
nach	Kopf
naDev	hier, das hier liegende
nagh	Stein, Fels
naj	Traum
nap	einfach im Geiste (sein)
nargh	erscheinen, auftauchen
naS	brutal (sein)
nav	Papier

nawlogh • non

nawlogh	Staffel, Geschwader, Schwadron
naw´	zugreifen
nay	heiraten, von einer Frau geheiratet werden
nay´	Gericht einer Speisenfolge
nech	seitlich bewegen (sich)
negh	Soldaten (Pl.)
neH	wollen, begehren
neH	nur, einfach (Adv.)
neHmaH	Neutrale Zone
nej	suchen, Ausschau halten
nem	zukünftig, in vielen Jahren
nep	lügen, verheimlichen
net	dieses (topisch, Pron.)
netlh	zehntausend (Num.)
ne´	Adjutant (m., f.)
ne´	Ordonnanz (m., f.)
nIb	identisch (sein) mit etwas
nIch	Munition
nID	versuchen, probieren
nIH	rechts, rechte Seite (Lok.)
nIH	stehlen
nIHwI´	Dieb (m., f.)
nIj	Leck
nIn	Treibstoff
nIQ	Frühstück
nIS	hindern an etwas, dazwischengehen
nItlh	Finger
nIv	überlegen (sein)
nIvnav	Pyjama
nI´	lange, von langer Dauer (sein)
nob	Geschenk
nob	geben
noch	Sensor
noD	vergelten
nogh	winden, krümmen (sich)
noH	beurteilen, verurteilen
noj	leihen
nol	Begräbnis, Beerdigung
nom	schnell (Adv.)
non	verrottet (sein)
non	elend fühlen (sich)

nong	leidenschaftlich (sein)
nop	auslassen
noSvagh	Deodorant
not	niemals (Adv.)
nov	Fremder
nov	fremd (sein)
noy	berühmt, bekannt (sein)
no´	Vorfahren (Pl.)
nub	verdächtig (sein)
nubwI´	Vorgänger (m., f.)
nuch	Feigling (m., f.)
nuD	begutachten, examinieren
nugh	Gesellschaft
nuH	Waffe
nuHHom	Waffe, kleinere
nuj	Mund
num	fördern, befördern (jemanden)
nung	voranschicken, vorausgehen
nup	herabsetzen, vermindern
nural	Neural (Lok.)
nuralngan	Neuralese (m., f.)
nuq	Was? (Fragepart.)
nuqDaq	Wo? (Fragepart.)
nuqneH	Was willst Du? (Begrüßung)
nuQ	ärgern, belästigen
nur	Würde
nuS	spotten, auslachen
nuv	Person (menschlich)
ngab	verschwinden
ngach	debattieren, streiten
ngan	Einwohner (m., f., n.)
nghaq	Unterstützung, militärische
ngaS	beinhalten, beherbergen
ngat	Schießpulver
ngav	Schreibkrampf
ngeb	falsch, verschlagen (sein)
ngech	Tal
ngeD	einfach, leicht (sein)
ngeH	schicken, senden
ngej	infizieren
ngem	Wald

ngeng	See
ngep	hinwegsetzen über (sich)
nger	Theorie
ngev	verkaufen
nge´	mitnehmen
ngIl	wagen, trauen
ngIm	verwest (sein)
ngIp	borgen, ausborgen
ngIv	patrolieren
ngoD	Tatsache
ngoH	schmieren
ngoj	rastlos (sein), sich unruhig fühlen
ngong	Experiment
ngong	experimentieren
ngoq	Code
ngoQ	Ziel
ngor	betrügen
ngoS	auflösen
ngotlh	fanatisch (sein)
ngoy´	verantwortlich (sein)
ngo´	alt, gebraucht (sein)
ngup	Umhang
ngu´	identifizieren
pab	befolgen, Regeln folgen
pab	Grammatik
pagh	nichts, kein
pagh	oder, entweder/ oder (Konj.)
pagh	null, zero (Num.)
paH	Robe, Umhang
paj	zurückweichen, zurückziehen
paq	Buch
paQDI´norgh	Lehren, Unterweisungen (Pl.)
par	nicht mögen
parHa´	mögen
paSlogh	Socken (Pl.)
pat	System
pav	dringend, dringlich (sein)
paw	ankommen
paw´	kollidieren
pay	entschuldigen

pay' • pom

pay'	sofort (Adv.)
pa'	dort (drüben)
pa'	Raum, Zimmer
peD	Schnee
pegh	verheimlichen
pegh	Geheimnis
pej	abreißen, einreißen
pem	Tag, am Tage
pemjep	Mittag, am Mittag
peng	Torpedo
pep	erheben, heben
per	Bezeichnung, Schild
per	bezeichnen
pey	Säure
pe'	schneiden
pIch	beschuldigen
pIch	Fehler, Blamage
pIgh	Ruinen (Pl.)
pIH	erwarten
pIH	verdächtig (sein)
pIj	oft, oftmals (Adv.)
pIm	verschieden (sein)
pIn	Buckel
pIp	Rückgrat
pIqaD	klingonisches Notationssystem
pItlh	Geschafft! (Exklam.)
pIv	gesund (sein)
pIvghor	Worpantrieb
pIvlob	Worpfaktor
pI'	dick, fett (sein)
po	Morgen, am Morgen
pob	Körperbehaarung
poch	Pflanze
poD	beschnitten (sein)
pogh	Handschuh
poH	Zeitperiode
poH	Zeit
poj	Analyse
poj	analysieren
pol	retten, bergen
pom	Ruhr (Krankheit)

pon • pu'HIch

pon	folgen, verfolgen
pong	Name
pong	rufen, benennen
poq	Magenschmerzen (Pl.)
poQ	fordern, verlangen
porgh	Körper
poS	links, linke Seite
poS	offen, geöffnet (sein)
poSmoh	öffnen
potlh	Angelegenheit von großer Wichtigkeit
pov	Nachmittag, am Nachmittag
pov	ausgezeichnet (sein)
po'	erfahren (sein), Expertenschaft besitzen
pub	kochen
puch	Toilette
puchpa'	Badezimmer
pugh	Bodensatz (umgangssprachlich: Abschaum)
puH	Land
puj	schwach (sein)
pujmoH	schwächen
pujwI'	Schwächling (m., f.)
pum	Anklage
pum	anklagen
pum	fallen
pung	Gnade
pup	perfekt, exakt (sein)
pup	treten
puq	Kind, Nachkomme
puqbe'	Tochter
puqloD	Sohn
puQ	aufgezogen (werden)
puS	wenige, versprengt (sein)
puS	anvisieren
puv	fliegen
puy	Wrack
puyjaq	Nova
pu'	Phaser
pu'beH	Phasergewehr
pu'beq	Phaserkommando, Mannschaft zur Bedienung der
pu'DaH	Phaserbänke (Pl.)
pu'HIch	Phaserpistole, Handphaser

qab	böse, schlecht (sein)
qab	Gesicht
qach	Gebäude, Struktur
qagh	unterbrechen
qaH	Herr, mein Herr (Anrede)
qal	korrupt (sein)
qalmoH	korrumpieren
qam	Fuß
qama'	Gefangener (m., f.)
qan	alt (sein)
qap	bestehen auf etwas, insistieren
qaS	passieren, vorkommen
qat	wickeln, einwickeln
qatlh	Warum? (Fragepart.)
qaw	erinnern
qawHaq	Gedächtnisbänke (Pl.), Datenspeicher
qawmoH	erinnern (jemanden)
qay'	problematisch (sein), ein Problem darstellen
qa'vam	Genesis, Schöpfung
qech	Idee
qeD	räumen, entleeren
qeH	übelnehmen, sich ärgern über etwas
qej	gemein (sein)
qelI'qam	Kellicam
qem	bringen
qempa'	Vorfahre (m., f.)
qeng	tragen, übermitteln
qep	Treffen
qeq	Drill, militärischer
qeq	vorbereiten, trainieren
qeS	Ratschlag
qeS	Rat geben, vorschlagen
qet	rennen, laufen
qetlh	langweilig, uninteressant (sein)
qev	drängen, zusammenrotten, versammeln
qevaS	Kevas
qevop	Wange
qIb	Galaxie
qIbHes	Galaxienrand
qIch	verdammen
qIgh	Abkürzung

qlH • QaD

qIH	Begegnung, erstmalig
qIj	schwarz (sein)
qIl	annullieren
qIm	konzentrieren (auf), Achtung zollen
qImHa´	mißachten
qIp	schlagen (mit Faust oder Hand)
qIQ	meutern, sich auflehnen
qIv	Knie
qI´	unterzeichnen
qoch	Partner (m., f.)
qogh	Gürtel, Umgürtelung
qogh	Rand
qoH	Narr
qoj	oder, und/oder (Konj.)
qoj	Klippe
qon	aufzeichnen
qop	arrestieren, gefangennehmen
qoq	Roboter
qor	ergattern
qorDu´	Familie
qotlh	kitzeln
qoS	Geburtstag
qoy´	betteln, bitten
qub	selten (sein), rar (sein)
quch	entführen, kidnappen
qugh	kreuzen
quHvaj	Kopfschuppen (Pl.)
qul	Feuer
qum	regieren
qum	Regierung
qun	Geschichte
qun	schimpfen mit, ausschelten
qup	Ältester, (m., f.)
quprIp	Ältestenrat, Rat der Ältesten
quq	gleichzeitig geschehen, passieren
qur	gierig, habsüchtig (sein)
quS	Stuhl
qut	Kristall
qu´	wild (sein)
Qab	Theragen
QaD	trocken (sein)

Qagh • Qob

Qagh	Fehler
Qagh	Fehler machen, fehlerhaft handeln
QaH	Hilfe, Unterstützung
Qam	stehen
Qan	schützen
Qap	Arbeit, Funktion
Qapla´	Erfolg
QaQ	gut (sein), gerecht (sein)
Qargh	Spalte, Riß
QaS	Truppen (Pl.)
Qat	berühmt, populär (sein)
Qatlh	schwierig (sein)
Qav	dauerhaft (sein)
Qaw´	zerstören
Qay	übertragen, transferieren
Qay´	jemandes Spitze zerstören
Qa´	klingonisches Tier
Qeb	Ring, Fingerring
QeD	Wissenschaft
QeDpIn	Wissenschaftsoffizier (m., f.)
QeH	Zorn
QeH	zornig, verrückt (sein)
QeI	Doktor, Arzt (m., f.)
Qey	straff, fest (sein)
QeyHa´	lose, unbefestigt (sein)
QeyHa´moH	lösen
QeymoH	anziehen, festzurren
Qe´	Restaurant
QIghpej	klingonisches Mittel, das Qualen bereitet
QIb	Schatten
QIch	Sprache, gesprochene
QID	verwunden
QIH	Zerstörung, Zerstörung verursachen
QIH	zerstören, beschädigen
QIj	erklären
QIp	dumm (sein)
QIt	langsam (Adv.)
QIv	unterlegen, untergeben (sein)
QI´	Militär
Qob	gefährlich (sein)
Qob	Gefahr

Qoch	nicht einverstanden (sein)
Qochbe´	einverstanden (sein), übereinstimmen
QoD	Manöver (Antrieb)
Qogh	klingonisches Tier
Qoj	Krieg führen
Qom	ein Erdbeben erleben
QonoS	Bericht, Logbuch
Qong	schlafen
Qop	erschöpft, abgenutzt (sein)
QopmoH	abtragen, abnutzen (Kleidung)
Qorgh	sorgen für etwas
QoS	jemanden bedauern
Qot	lügen
Qotlh	ausschalten, abschalten
Qoy	hören
Qo´	Nein! Das werde ich nicht! (Exklam.)
Qub	denken
Quch	glücklich (sein)
Quch	Stirn
QuchHa´	unglücklich (sein)
QuD	Aufstand, Revolte
Qugh	Katastrophe, Desaster
Quj	Spiel
Quj	spielen
Qul	Untersuchung, Forschung
Qum	kommunizieren
QumpIn	Kommunikationsoffizier
QumwI´	Kommunikator
Qup	jung (sein)
QuQ	Maschine, Antrieb
QuS	Verschwörung
QuS	verschwören
Qut	gewöhnlich, vulgär (sein)
Quv	Koordinaten
Qu´	Aufgabe, Mission
raD	Kraft
ragh	vergehen
ral	gewalttätig (sein)
ram	unwichtig, trivial (sein)
ram	Nacht

ramjep	Mitternacht
rap	gleich, das gleiche (sein)
rar	verbinden
raQ	Lager, Camp (milit.)
raQpo´	Passagier
ratlh	verbleiben, bleiben
rav	Boden, Fußboden
ray´	Ziele
ra´	Befehl, Kommando
ra´wI´	Kommandierender (milit.)
reghuluS	Regulus
reghuluSngan	Regulaner
reghuluS 'Iwghargh	Regulanischer Blutwurm
reH	immer (Adv.)
reH	spielen
rejmorgh	Feigling, „Angsthase"
rep	Stunde
retlh	Naheliegendes, naheliegender Bereich
rewbe´	Bürger, Einwohner (m., f.)
rIgh	lahm (sein)
rIH	einschalten, mit Energie versehen
rIH	„Energie!" (Befehl, Kommando)
rIHwI´	Akkumulator
rIn	fertig, beendet (sein)
rIp	Versammlung, Zusammenkunft
rIQ	verwundet (sein)
rIQmoh	verwunden
rIvSo´	Botschaft
rIymuS	Remus
ro	Rumpf (Oberkörper)
roghvaH	Population
roj	Frieden vereinbaren, Frieden stiften
roj	Frieden
rojHom	Waffenstillstand
rojmab	Friedensabkommen
rol	Bart (Körperbehaarung)
rom	Übereinstimmung
romuluS	Romulus
romuluSngan	Romulaner (m., f.)
rop	krank, schlecht (sein)

rop	Krankheit, Seuche
ropyaH	Krankenhaus, Krankenstation
roQ	niederlegen
ror	dick, fett (sein)
rotlh	hart, stark (sein)
ro´	Faust
rugh	Antimaterie
ruQ	handgesteuert, von Hand bedient
rup	Steuer, Abgabe
rur	ähneln, ähnlich (sein)
rut	manchmal (Adv.)
ruv	Gerechtigkeit, Justiz
ru´	vorübergehend, zeitweilig
Sab	verschlechtern, ungünstiger (werden)
Sach	erweitern, ausbreiten
SaD	tausend (Num.)
Sagh	ernst, seriös (sein)
SaH	anwesend (sein), dasein
SaH	sorgen (sich), betroffen (sein)
Saj	Tier, Haustier
Sal	ansteigen, aufsteigen
San	Schicksal
SanID	tausend (Num.)
Sang	vernichten, unkenntlich (machen)
Sap	freiwillig melden (sich)
Saq	landen
Saqghom	Landeteam
Saqghom	Außenteam
SaQ	schreien, weinen
Sar	verschieden, vielfach (sein)
Sar	Auswahl, Abwechslung
Satlh	Landwirtschaft
SaS	flach, horizontal (sein)
Saw	heiraten (ein Mann eine Frau)
Say´	sauber, rein (sein)
Sa´	General (milit. Rang) (m., f.)
Segh	Rasse, Sorte, Gattung
seH	kontrollieren
SeHlaw	Kontrollkonsole
Seng	Ärger machen

Seng	Ärger, Ungelegenheit
Sep	züchten, hervorbringen
Sep	Region, Gegend
Seq	seismische Spalte, Bodenriß
Ser	Fortschritt
SermanyuQ	Shermanns Planet
SeS	Dampf
Sev	Verband, Bandage
Sev	aufnehmen, erhalten
Sey	aufgeregt (sein)
SeymoH	aufregen, erregen
Se´	Frequenz
SIbDoH	Satellit
SIch	erreichen
SID	Patient (m., f.)
SIgh	Einfluß
SIH	Biegung, Krümmung
SIj	schneiden, schlitzen
SIm	rechnen, kalkulieren
SIp	Gas
SIQ	ertragen, aushalten
SIS	regnen
SIv	wundern
Soch	sieben (Num.)
SochDIch	Siebente (Num.) (m., f., n.)
SoD	überschwemmen
SoD	Flut, Überschwemmung
SoH	du (Pro.)
Sol	streiten
Som	Schale, Hülse
Somraw	Muskel
Son	Schmerzen lindern, erleichtern
Sop	essen
SoQ	geschlossen, zu (sein)
SoQ	Rede, Anrede
SoQmoH	schließen
Sor	Baum
Sorgh	Sabotage
SoS	Mutter
SoSnI´	Großmutter
Sot	sorgen (sich), in Not (sein)

Sotlaw' • tay

Sotlaw'	Notruf
Sov	wissen, begreifen
Soy'	ungeschickt, schwerfällig (sein)
So'	verstecken, tarnen
So'wI'	Tarnvorrichtung
Sub	fest, solide (sein)
Such	besuchen
SuD	grün, blau, gelb (sein)
SuH	Fertig! Bereit halten! (Exklam.)
Suj	stören, unterbrechen
Sun	Disziplin
Sung	Heimat, Einheimischer
Sup	springen
Sup	Vorrat, Ressource
Suq	bekommen, erreichen
SuQ	giftig (sein)
Surchem	Kraftfeld
Surgh	häuten, schälen
SuS	Wind, Brise
Sut	Kleidung
Sutlh	verhandeln
Suv	kämpfen
Suy	Kaufmann (m., f.)
SuyDuj	Handelsschiff, Schiff eines Händlers
Su'	Fertig! Bereit halten! (Exklam.)
ta	Protokoll, Aufzeichnung
tach	Bar, Kneipe
taD	gefroren (sein)
taDmoH	frieren
taH	in einer schlechten Position (sein)
taj	Dolch, Messer
tam	ruhig, beruhigt (sein)
tam	Austausch, Vertretung
tammoH	Ruhe, Stille
taQ	unheimlich (sein)
taQbang	Erschöpfung
tar	Gift
taS	Lösung (Flüssigkeit)
tat	Ion (Partikel)
tay	zivilisiert (sein)

taymoH	zivilisieren
tayqeq	Zivilisation
tay´	zusammen (sein)
ta´	erreichen
ta´	Leistung
ta´	Herrscher, Imperator
teb	füllen, auffüllen
teblaw´	Jurisdiktion
teH	wahr (sein)
tej	Wissenschaftler
tel	Flügel
telun Hovtay´	Tellunisches Sternensystem
tem	bestreiten, abstreiten
ten	einsteigen, besteigen
tengchaH	Raumstation
tep	Fracht
tepqengwI´	Frachtschiff
teq	entfernen, wegnehmen
tera´	Erde (Planet)
tera´ngan	Erdbewohner, Terraner
tet	schmelzen
tev	Preis
tey´	anvertrauen (sich), vertrauen
tI	Vegetation
tIch	beleidigen
tIgh	Gewohnheit, Sitte
tIH	Strahl
tIj	an Bord gehen
tIn	groß (sein)
tIq	lang, länglich (sein)
tIq	Herz
tIQ	alt, altertümlich (sein)
tIr	Samenkorn
tIS	leicht (sein)
tIv	freuen, genießen
tI´	reparieren
tob	beweisen, nachweisen
toch	Handfläche
toD	retten, bewahren
togh	zählen
toH	Also! Gut! (Exklam.)

toj	täuschen, trügen
tongDuj	jemand, der erschreckt
topIln	Topalin
toq	bewohnt (sein)
tor	knien, niederknien
toS	klettern, klimmen
toy´	dienen (einem Herren)
toy´wI´	Diener, Bediensteter
to´	Taktik
tuch	verbieten, untersagen
tugh	bald (Adv.)
tuH	schämen, sich
tuH	Manöver (milit. Ausdruck)
tuHmoH	Scham
tuj	heiß (sein)
tuj	Hitze
tul	hoffen
tum	Dienststelle
tun	weich (sein)
tung	entmutigen
tungHa´	ermutigen
tup	Minute
tuQ	Bekleidung, Kleidung
tuQDoq	Verstandessonde (med. Ausdruck)
tuQHa´moH	ausziehen, entkleiden
tuQmoH	anziehen, bekleiden
tut	Kolonne
tuv	geduldig (sein)
tu´	finden, enttarnen, observieren
tlhab	frei, unabhängig (sein)
tlhab	Freiheit, Unabhängigkeit
tlhap	nehmen
tlhaq	Chronometer
tlhaQ	lustig (sein)
tlha´	folgen
tlheD	verlassen, abreisen
tlhegh	Linie, Seil
tlhej	begleiten
tlhetlh	fortschreiten, Fortschritt (machen)
tlhe´	wenden
tlhIb	inkompetent (sein)

tlhIch • vemmoH

tlhIch	rauchen
tlhIH	ihr (Pron.)
tlhIl	schürfen
tlhIl	Mineral
tlhIlwI´	Bergmann (m., f.)
tlhIngan	Klingone (m., f.)
tlhIngan wo´	Klingonisches Imperium
tlhIv	insubordiniert (sein)
tlhob	fragen
tlhoch	widersprechen
tlhogh	Heirat
tlhoj	realisieren
tlhol	roh, unbearbeitet (sein)
tlhon	Nasenloch, Nüster
tlhong	tauschen
tlhoQ	Konglomeration
tlhov	keuchen
tlhuch	erschöpfen
tlhuH	Atem
tlhuH	atmen
tlhup	wispern, flüstern
tlhutlh	trinken
tluh´	versucht, verführt (werden)
tlhu´moH	verführen
vagh	fünf (Num.)
vaghDIch	Fünfte (m., f., n.) (Num.)
vaH	Halfter, Pistolenhalfter
vaj	so, dann, in dem Fall (Adv.)
val	klug, intelligent (sein)
van	begrüßen
vang	handeln, agieren
vaQ	aggressiv (sein)
vatlh	hundert (Num.)
vatlhvI´	Prozent
vav	Vater
vavnI´	Großvater
vay´	jemand, etwas
veH	Grenze, Begrenzung
vem	aufwachen, erwachen
vemmoH	aufwecken, erwecken

veng • waQ

veng	Stadt
vengHom	Ort, Ortschaft
veQ	Abfall
veQDuj	Floß, Abfallschiff
vergh	docken
vergh	Dock
veS	Krieg
vetlh	Schabe
vIj	Schubmaschine
vIng	jammern, jaulen
vIt	wahrhaftig (sein), die Wahrheit sagen
vI´	akkumulieren
voDleH	Herrscher, Imperator
vogh	irgendwo
voHDajbo´	Lösegeld
volchaH	Schulter
vong	hypnotisieren
voq	trauen, vertrauen
voqHa´	mißtrauen
voQ	würgen
vor	heilen
vo´	antreiben, treiben
vub	Geisel
vuD	Möglichkeit
vul	unbewußt, nicht bei Bewußtsein (sein)
vulqan	Vulkan (Planet)
vulqangan	Vulkanier (m., f.)
vum	Arbeit, Aufgabe
vup	bedauern
vuQ	faszinieren
vuS	limitieren, begrenzen
vut	kochen
vutpa´	Galeere, Kombüse
vuv	respektieren
vu´	leiten, managen
vu´wI´	Manager
wam	jagen
wanI´	Ereignis, Phänomen
waq	Schuh
waQ	blockieren, versperren

watlh • wuv

watlh	rein, pur (sein)
wav	trennen
waw´	Basis (milit. Ausdruck)
wa´	eins (Num.)
wa´DIch	Erste (m., f., n.) (Num.)
wa´Hu´	gestern
wa´leS	morgen
wa´logh	einst, einmal (Adv.)
wa´maH	zehn (Num.)
wa´maHDIch	Zehnte (m., f., n.)
web	ungnädig (sein)
wegh	begrenzen, einschränken
weH	Überfall
wej	nicht jetzt (Adv.)
wej	drei (Num.)
wejDIch	Dritte (m., f., n.) (Num.)
wejpuH	entzückend (ironisch gebraucht) (Num.)
wem	gewalttätig (sein)
wem	Gewalt, Verletzung
wep	Jacke
wew	glühen, glimmen
wIb	sauer (sein)
wIch	Mythos
wIgh	Genie
wIH	rücksichtslos, unbarmherzig (sein)
wIj	Farm
wIv	Wahl, Auswahl
wIv	entscheiden, auswählen
wIy	Taktische Darstellung
woD	wegwerfen, fortwerfen
woH	aufnehmen
woQ	Autorität, politische Macht
woS	Kinn
wot	Verb
wov	hell (sein)
wo´	Imperium
wuq	entscheiden
wuQ	Kopfschmerzen (haben)
wuS	Lippe
wutlh	Untergrund
wuv	abhängen, abhängig (sein)

ya • yotlh

ya	Taktischer Offizier
yab	Verstand, Gehirn
yach	schlagen, streicheln
yaD	Zeh
yaH	Station
yaj	verstehen
yajHa´	mißverstehen
yap	genug, ausreichend (sein)
yaS	Offizier
yav	Grund, Boden
yay	Sieg, Triumph
yay´	schockiert, niedergeschmettert (sein)
yej	Versammlung, Zusammenkunft
yem	Sünde
yep	vorsichtig (sein)
yepHa´	sorglos (sein)
yev	anhalten, innehalten
yIb	Öffnung, Schlitz
yIH	Stamm
yIn	leben
yIn	Leben
yInroH	Lebenszeichen
yIntagh	Lebenserhaltungssystem
yIQ	naß (sein)
yIt	gehen
yIv	kauen
yIvbeH	Tunika
yob	Schild
yoD	schützen
yoH	tapfer (sein)
yoj	Entscheidung, Urteil
yol	Konflikt
yon	zufrieden (sein)
yonmoH	befrieden, befriedigen
yong	hineinkommen
yopwaH	Hosen, Unterhosen
yoq	humanoid, menschlich
yoS	Bereich, Areal
yot	Invasion
yot	erobern
yotlh	Fläche, Feld

yov • 'Il

yov	laden, aufladen
yov	beauftragen
yoy	umgekehrt, umgedreht (sein)
yo´	Flotte
yuch	Schokolade
yuD	unehrlich (sein)
yuDHa´	ehrlich, aufrichtig (sein)
yupma´	Festival
yuQ	Planet
yuQHom	Planetoid
yuQjIjQa´	Vereinigte Föderation der Planeten
yuv	drücken, schieben
yu´	fragen, befragen
yu´egh	Welle
´a	aber, im Gegensatz (Konj.)
´ach	aber, im Gegensatz (Konj.)
´aD	Ader, Vene
´ang	zeigen
´ar	Wieviel? Wieviele?
´argh	verschlechtern, schlechter machen
´av	Wache
´avwI´	bewachen
´aw´	stechen
´ay´	Sektion
´eb	Gelegenheit, Möglichkeit
´eH	Fertig! (Exklam.)
´ej	und (satzverbindend) (Konj.)
´ejDo´	Sternenschiff, Sternenschiffsklasse
´ejyo´	Sternenflotte
´ejyo´waw´	Sternenbasis, Raumstation
´el	hereingehen, entern
´elaS	Elas
´eng	Wolke
´er	Klingonisches Tier
´et	Front, Vorderseite
´etlh	Schwert
´e´	das (Pron.)
'IH	schön (sein)
'Ij	hören, zuhören
'Il	aufrichtig (sein)

'Ip • 'u'

'Ip	Eid, Schwur
'Ip	schwören
'IQ	traurig (sein)
'ISjaH	Kalender
'It	depressiv (sein)
'Itlh	entwickelt (sein)
'Iv	Wo?
'Iv	Höhe, Flughöhe
'Iw	Blut
'och	Tunnel
'ogh	entwickeln, ersinnen
'oH	es (Pron.)
'oj	durstig (sein)
'ol	verifizieren
'ong	schlau, gerissen (sein)
'orghen	Organia
'orghen rojmab	Organianisches Friedensabkommen
'orghengan	Organianer
'oS	repräsentieren
'oSwI'	Abgesandter, Emissär
'ov	bewerben, werben
'oy'	verwundet (sein)
'oy'	Schmerze, Verwundung
'o'	Heck
'ugh	schwer (sein)
'uH	Kopfschmerzen, einen Kater (haben)
'um	qualifiziert (sein)
'uQ	Abendessen
'urmang	Verrat, Landesverrat
'uS	Bein
'ut	notwendig (sein)
'utlh	Offizier
'uy	niederdrücken, pressen
'uy'	Million (Num.)
'u'	Universum

DEUTSCH – KLINGONISCH

Abbrechen, Hoffnung aufgeben	lon
Abendessen	´uQ
aber, im Gegensatz (Konj.)	´a
aber, im Gegensatz (Konj.)	´ach
Abfall	veQ
Abgesandter, Emissär	´oSwI´
abhängen, abhängig (sein)	wuv
Abkommen, Übereinkommen	mab
Abkürzung	qIgh
abreißen, einreißen	pej
Abstammung, Ursprung	mung
abstecken (ein Territorium)	DoQ
abstoßend (sein)	moH
abtragen, abnutzen (Kleidung)	QopmoH
abwesend (sein)	Dach
abwesend (sein)	jeH
acht (Num.)	chorgh
Achte (Num.) (m., f.)	chorghDIch
Ader, Vene	´aD
Adjutant (m., f.)	ne´
Agent, Abgesandter (m., f.)	Duy
aggressiv (sein)	vaQ
Agonie	bep
ähneln, ähnlich (sein)	rur
Akkumulator	rIHwI´

akkumulieren • Ärger

akkumulieren	vI´
Akzeptanz	laj
akzeptieren	laj
alarmieren	ghum
Alarm	ghum
allein (sein)	mob
Allianz	boq
Also! Gut! (Exklam.)	toH
alt (sein)	qan
alt, altertümlich (sein)	tIQ
alt, gebraucht (sein)	ngo´
Ältestenrat, Rat der Ältesten	quprIp
Ältester, (m., f.)	qup
an Bord gehen	tIj
Analyse	poj
analysieren	poj
anerkennen, aufnehmen	chID
Angelegenheit von großer Wichtigkeit	potlh
Angriff	HIv
anhalten, innehalten	yev
Anklage	pum
anklagen	pum
ankommen	paw
anleiten, führen	Dev
annullieren	qIl
ansteigen, aufsteigen	Sal
anteilig (sein), partizipieren	jeS
Antimaterie	rugh
antreiben, treiben	vo´
anvertrauen (sich), vertrauen	tey´
anvisieren	puS
anwesend (sein), dasein	SaH
Antwort, Entgegnung	jang
Anzeigetafel, Schirm	jIH
anziehen, bekleiden	tuQmoH
anziehen, festzurren	QeymoH
Ära	bov
Arbeit, Aufgabe	vum
Arbeit, Funktion	Qap
Ärger, Ungelegenheit	Seng
Ärger, Ungelegenheit (machen)	Seng

ärgern • ausziehen

ärgern, belästigen	nuQ
argumentieren, disputieren	ghoH
Arm	DeS
Armee	mangghom
arrestieren, gefangennehmen	qop
Asteroid	ghopDap
Atem	tlhuH
atmen	tlhuH
Atmosphäre	muD
aufbauen, gestalten	chen
Aufgabe, Mission	Qu´
aufgeben	jegh
aufgeregt (sein)	Sey
aufgezogen (werden)	puQ
aufhalten	mev
auflösen	ngoS
aufnehmen	woH
aufnehmen, erhalten	Sev
aufrecht (sein)	chong
aufregen, erregen	SeymoH
aufrichtig (sein)	'Il
Aufstand, Revolte	QuD
aufstehen, sich erheben	Hu´
aufwachen, erwachen	vem
aufwecken, erwecken	vemmoH
aufzeichnen	qon
Auge	mIn
Augenbraue	Huy´
ausgezeichnet (sein)	pov
aushandeln, ein Geschäft abschließen	Huq
auslassen	nop
ausprobieren, testen	Dub
Ausrüstung, Ausstattung	luch
ausschalten, abschalten	Qotlh
Außenteam	Saqghom
außergewöhnlich (sein)	le´
außerhalb liegende	Hur
Austausch, Vertretung	tam
Auswahl, Abwechslung	Sar
ausweichen, umgehen	jun
ausziehen, entkleiden	tuQHa´moH

Autorität • beobachten

Autorität, politische Macht	woQ
Baby, Kleinkind	ghu
Badezimmer	puchpa´
bald (Adv.)	tugh
Bar, Kneipe	tach
Bart (Körperbehaarung)	rol
Basis (milit. Ausdruck)	waw´
Bauch	chor
Baum	Sor
beamen, transportieren	jol
beauftragen	Huj
beauftragen	yov
bedauern	vup
beeilen (sich)	moD
beeindruckt (sein)	Doj
Befehl, Kommando	ra´
befolgen, Regeln folgen	pab
befrieden, befriedigen	yonmoH
Begegnung, erstmalig	qIH
begleiten	tlhej
beglückt (Adv.)	Do´
begraben, beerdigen	mol
Begräbnis, Beerdigung	nol
begrenzen, einschränken	wegh
begrüßen	van
begutachten, examinieren	nuD
beibehalten	leH
Beibehaltung, Aufrechterhaltung	leH
Beiboot, Rettungsschiff	HanDogh
Bein	´uS
beinhalten, beherbergen	ngaS
beitragen, dazugeben	ghaq
Bekleidung, Kleidung	tuQ
bekommen, erreichen	Suq
belauschen, horchen	Daq
beleidigen	tIch
beleidigen, kränken	maw
belohnt werden, beglückt (sein)	Do´
benutzen, verwenden	lo´
beobachten	bej

Bereich • blockieren

Bereich, Areal	yoS
Bereich, oberhalb oder unterhalb	bIng
Bereich, oberhalb oder unterhalb liegend	Dung
Bereich, Raum zwischen etwas	joj
bereit sein, fertigmachen	ghuS
bereithalten, in Alarmbereitschaft sein	ghuH
Bereitschaft	ghuH
Berg	HuD
Bergmann (m., f.)	tlhIlwI´
Bericht, Logbuch	Qonos
berühmt, bekannt (sein)	noy
berühmt, populär (sein)	Qat
berühren, fühlen	Hot
beschleunigen	chung
beschnitten (sein)	poD
beschreiben	Del
beschuldigen	pIch
Beschwerde	bep
besiegen	jey
bestehen auf etwas, insistieren	qap
bestrafen	Hup
bestreiten, abstreiten	tem
besuchen	Such
betrügen	ngor
betrügen, verraten	magh
Betrüger, Verräter	maghwI´
betrunken, vergiftet	chech
betteln, bitten	qoy´
beurteilen, verurteilen	noH
bewachen	´avwI´
bewahren, beschützen	choq
beweisen, nachweisen	tob
bewerben, werben	´ov
bewohnt (sein)	toq
bewundern	Ho´
bezahlen	DIl
bezeichnen	per
Bezeichnung, Schild	per
Biegung, Krümmung	SIH
Biß	chop
blockieren, versperren	waQ

Blut • Deodorant

Blut	'Iw
Boden, Fußboden	rav
Bodensatz (umgangssprachlich: Abschaum)	pugh
borgen, ausborgen	ngIp
böse, gefährlich (sein)	mIgh
böse, schlecht (sein)	qab
Botschaft	rIvSo´
brennen, verbrennen	meQ
bringen	qem
Bruder	loDnI´
brutal (sein)	Doch
brutal (sein)	naS
Buch	paq
Buckel	pIn
Bürger, Einwohner (m., f.)	rewbe´
Chronometer	tlhaq
Code	ngoq
Commander (milit. Rang)	la´
Computer	De´wI´
Credit, Währungseinheit	DeQ
Crew, Crewmitglied	beq
dabeihaben, mit sich führen	jotlh
Dämmerung	jajlo´
Dampf	SeS
das (Pron.)	´e´
Daten übertragen	lab
Daten übertragen	lI´
Datenübertragung	jabbI´ID
dauerhaft (sein)	Qav
debattieren, streiten	ngach
Defekt	Duy´
defekt (sein), nicht funktionieren	Duy´
defekt, kaputt	cheH
Deflektoren	begh
Denebia	DenIb
Denebianer (m., f.)	DenIbngan
denebianischer Schleimteufel	DenIb Qatlh
denken	Qub
Deodorant	noSvagh

depressiv • durstig

depressiv (sein)	'It
deutlich, nicht verschlagen (sein)	Huv
dick, fett (sein)	pI´
dick, fett (sein)	ror
Dieb (m., f.)	nIHwI´
dienen (einem Herren)	toy´
Diener, Bediensteter	toy´wI´
Dienststelle	tum
dieses (topisch, Pron.)	net
Diktator (m., f.)	HI´
Diktatur	HI´tuy
Dilitium	cha´puj
Dilitiumkristall	cha´pujqut
Ding, Gegenstand	Doch
Diplomat (m., f.)	gharwI´
Diplomatie	ghar
diplomatische Beziehungen aufnehmen	ghar
diskutieren, Konferenz abhalten	ja´chuq
Disziplin	Sun
Dock	vergh
docken	vergh
Doktor, Arzt (m., f.)	Qel
Dolch, Messer	taj
dominieren	ghatlh
doppelt, verdoppelt (Adv.)	cha´logh
dort (drüben)	pa´
drängen, zusammenrotten, versammeln	qev
Drehung	DIng
drei (Num.)	wej
Drill, militärischer	qeq
dringend, dringlich (sein)	pav
Dritte (m., f., n.) (Num.)	wejDIch
drohen, androhen	buQ
drücken, schieben	yuv
du (Pro.)	SoH
Duell	Hay´
dumm (sein)	QIp
dunkel (sein)	Hurgh
dünn (sein)	lang
durstig (sein)	´oj

Ehefrau • entwickelt

Ehefrau	be´nal
Ehemann, Gatte	loDnal
Ehre	batlh
ehrlich, aufrichtig (sein)	yuDHa´
Eid, Schwur	'Ip
eigennützig (sein)	mut
eigensinnig (sein)	mul
ein Erdbeben erleben	Qom
einfach im Geiste (sein)	nap
einfach, leicht (sein)	ngeD
Einfluß	SIgh
einführen, vorführen	lIH
Einheit	Dol
eins (Num.)	wa´
einschalten, mit Energie versehen	rIH
Einschlag, Gegenschlag	mup
einst, einmal (Adv.)	wa'logh
einsteigen, besteigen	ten
einverstanden (sein), übereinstimmen	Qochbe´
einwilligen, erfüllen	HeQ
Einwilligung, Zustimmung	ghIb
Einwohner (m.,f.,n.)	ngan
Eis	chuch
Elas	´elaS
elend fühlen (sich)	non
empfangen	Hev
empfehlen	chup
Energie! (Befehl)	rIH
Energiefeld	HoSchem
entfernen, wegnehmen	teq
entfernt, weit weg (sein)	Hop
entführen, kidnappen	quch
entlassen, hinauswerfen	DaS
entmutigen	tung
entscheiden	wuq
entscheiden, auswählen	wIv
Entscheidung, Urteil	yoj
entschuldigen	pay
entwickeln, ersinnen	´ogh
entwickelt (sein)	'Itlh
entwickelt, zivilisiert (sein)	Hach

Entzücken • exilieren

Entzücken, Vergnügen	bel
entzückend (ironisch gebraucht)	wejpuH
entzückt (sein)	bel
er/sie, ihm/ihr (Pron.)	ghaH
Erdbewohner, Terraner	tera´ngan
Erde (Planet)	tera´
Ereignis, Phänomen	wanI´
erfahren (sein), Expertenschaft besitzen	po´
Erfolg	Qapla´
Erfolg, Ziel	chav
ergattern	qor
erheben	pep
erhöhen	ghur
erinnern	ghov
erinnern	qaw
erinnern (jemanden)	qawmoH
erklären	QIj
erlauben, gestatten	chaw´
ermutigen	tungHa´
ernst, seriös (sein)	Sagh
erobern	chargh
erobern	yot
erreichen	SIch
erreichen	ta´
erscheinen, auftauchen	nargh
erschöpfen	tlhuch
erschöpft, abgenutzt (sein)	Qop
Erschöpfung	taQbang
erschrecken	ghIj
Erste (m., f., n.) (Num.)	wa´Dich
ertragen, aushalten	SIQ
erwarten	pIH
erweitern, ausbreiten	Sach
es (Pron.)	´oH
eskortieren	Dor
essen	Sop
etablieren	cher
Ethik, Sitten	ghob
exekutieren	muH
Exemplar, Probe	chovnatlh
exilieren, ins Exil gehen	ghIm

Expedition • flach

Expedition	Hoq
Experiment	ngong
experimentieren	ngong
explodieren	jor
Fabrik	laSvargh
Fahne, Flagge	joqwI´
fair, gerecht (sein)	may
fallen	pum
fallen, versagen	luj
fallen lassen	chagh
falsch (sein)	muj
falsch, verschlagen (sein)	ngeb
Familie	qorDu´
fanatisch (sein)	ngotlh
fangen, gefangennehmen	jon
Farm	wIj
Farm, Landwirtschaft	Du´
faszinieren	vuQ
fatalistisch (sein)	HeghmoH
faul, faul (sein)	buD
Faust	ro´
Fehler	Qagh
Fehler, Blamage	pIch
Fehler machen, fehlerhaft handeln	Qagh
feiern	lop
Feigling (m., f.)	nuch
Feigling, „Angsthase"	rejmorgh
Feind (m., f.)	jagh
Feind, Opponierender (m., f.)	ghol
Fertig (Exklam.)	´eH
Fertig! Bereit halten! (Exklam.)	SuH
Fertig! Bereit halten! (Exklam.)	Su´
fertig, beendet (sein)	rIn
fest, solide (sein)	Sub
Festival	yupma´
Feuer	qul
feuern	baH
feuern, Energie erhöhen	laQ
finden, enttarnen, observieren	tu´
flach, horizontal (sein)	SaS

Fläche • frustriert

Fläche, Feld	yotlh
fliegen	puv
fliehen, verlassen	Haw´
Floß, Abfallschiff	veQDuj
Flotte	yo´
Flügel	tel
Fluß	bIQtIq
Flüssigkeit	HIq
Flut, Überschwemmung	SoD
Föderation, Organisation	DIvI´
Föderationskampfschiff	DIvI´may´Duj
folgen	tlha´
folgen, verfolgen	pon
Folter, Tortur	joy´
fördern, befördern (jemanden)	num
fordern, verlangen	poQ
fortfahren	gho´
fortschreiten, Fortschritt (machen)	tlhetlh
Fortschritt	Duv
Fortschritt	Ser
Fracht	tep
Frachtschiff	tepqengwI´
fragen	tlhob
fragen, befragen	yu´
Frau	be´
frei, unabhängig (sein)	tlhab
Freiheit, Unabhängigkeit	tlhab
freiwillig melden (sich)	Sap
fremd (sein)	nov
Fremder	nov
Frequenz	Se´
freuen, genießen	tIv
Freund (m., f.)	jup
Frieden	roj
Frieden vereinbaren, Frieden stiften	roj
Friedensabkommen	rojmab
frieren	taDmoH
fröhlich	boch
Front, Vorderseite	´et
Frühstück	nIQ
frustriert, enttäuscht (sein)	mogh

füllen • genug

füllen, auffüllen	teb
fünf (Num.)	vagh
Fünfte (m., f., n.) (Num.)	vaghDIch
fürchten, Angst haben	Haj
Fuß	qam
füttern, versorgen (einen Anderen)	je´
gähnen	Hob
Galaxie	qIb
Galaxienrand	qIbHes
Galeere, Kombüse	vutpa´
Gas	SIp
Gast (m., f.)	meb
Gebäude, Struktur	qach
geben	nob
geboren werden	bogh
Geburtstag	qoS
Gedächtnisbänke (Pl.), Datenspeicher	qawHaq
gedeihen, aufblühen	chep
geduldig (sein)	tuv
geehrt (Adv.)	batlh
Gefahr	Qob
gefährlich (sein)	joch
gefährlich (sein)	Qob
Gefangener (m., f.)	qama´
Gefängnis	bIghHa´
gefroren (sein)	taD
Geheimnis	pegh
gehen	jaH
gehen	yIt
Gehirn	yab
gehorchen	lob
Geisel	vub
Geld	Huch
Gelegenheit, Möglichkeit	´eb
Geliebte, Geliebter	bang
gemein (sein)	qej
General (milit. Rang) (m., f.)	Sa´
Genesis, Schöpfung	qa´vam
Genie	wIgh
genug, ausreichend (sein)	yap

Gerät • Grenze

Gerät	jan
Gerechtigkeit, Justiz	ruv
Gericht	bo'DIj
Gericht einer Speisenfolge	nay'
Gerücht, Tratsch	joS
Geschafft! (Exklam.)	pItlh
Geschenk	nob
Geschichte	qun
Geschichte, Erzählung	lut
geschlossen, zu (sein)	SoQ
Geschoß, Explosivgeschoß	jorwI'
Geschwindigkeit	Do
Gesellschaft	nugh
Gesetz	chut
Gesicht	qab
gestehen	DIS
gestern	wa'Hu'
gesund (sein)	pIv
Gewalt, Verletzung	wem
gewalttätig (sein)	ral
gewalttätig (sein)	wem
Gewand, Robe	mop
Gewehr	beH
Gewerbe, Arbeit, Angelegenheit	malja'
Gewohnheit, Sitte	Tigh
gewöhnlich (sein)	motlh
gewöhnlich, vulgär (sein)	Qut
gierig, habsüchtig (sein)	qur
Gift	tar
giftig (sein)	SuQ
Glas, Trinkgefäß	HIvje'
glauben	Har
gleich, das gleiche (sein)	rap
gleichzeitig geschehen, passieren	quq
glücklich (sein)	Quch
glühen, glimmen	wew
Gnade	pung
Grab	mol
Grammatik	pab
gratulieren	Hoy'
Grenze, Begrenzung	veH

groß • Heirat

groß (sein)	tIn
großartig, wunderbar (sein)	Dun
Großmutter	SoSnI´
Großvater	vavnI´
grün, blau, gelb (sein)	SuD
Grund, Boden	yav
Gruppe, Zusammenschluß	ghom
gurgeln	ghagh
Gurke	Hurgh
Gürtel, Umgürtelung	qogh
gut (sein), gerecht (sein)	QaQ
Gut! (Exklam.)	maj
Haarklammer	choljaH
haben, besitzen	ghaj
Hälfte	bID
Halfter, Pistolenhalfter	vaH
Halskette, Schmuck	ghIgh
Hand	ghop
handeln	mech
handeln, agieren	vang
Handelsschiff, Schiff eines Händlers	Suyduj
Handfeuerwaffe	HIch
Handfläche	toch
handgesteuert, von Hand bedient	ruQ
Handrücken	chap
Handschuh	pogh
hängen	HuS
hart, stark (sein)	let
hart, stark (sein)	rotlh
hartnäckig (sein)	mul
hassen, ablehnen	muS
Hauptstadt	mon
Haut	DIr
häuten, schälen	Surgh
heben	pep
Heck	´o´
heilen	vor
Heimat, Einheimischer	Sung
Heimat, Zuhause	juH
Heirat	tlhogh

heiraten • Idee

heiraten (ein Mann eine Frau)	Saw
heiraten, von einer Frau geheiratet werden	nay
heiß (sein)	tuj
hell (sein)	wov
Helm	Degh
Helm	mIv
herablassen, etwas zu tun (sich)	joD
herabsetzen, vermindern	nup
hereingehen, entern	'el
Herr, Beherrscher	joH
Herr, mein Herr (Anrede)	qaH
Herr, Meister	jaw
Herrscher, Imperator	ta'
Herrscher, Imperator	voDleH
heruntersteigen, niedergehen	ghIr
Herz	tIq
hier, das hier liegende	naDev
Hilfe	boQ
Hilfe, Unterstützung	QaH
Himmel	chal
hinausgehen, heraustragen	lel
hindern an etwas, dazwischen gehen	nIS
hineinkommen	yong
hinwegsetzen über (sich)	ngep
hinzufügen	chel
Hitze	tuj
hoch, hochgestellt (sein)	jen
hoffen	tul
Höhe, Flughöhe	'Iv
Höhle	DIS
hören	Qoy
hören, zuhören	'Ij
Hosen, Unterhosen	yopwaH
humanoid, menschlich	yoq
hundert (Num.)	vatlh
hunderttausend (Num.)	bIp
hungrig sein	ghung
hypnotisieren	vong
Ich, mir (Pron.)	jIH
Idee	qech

identifizieren • justieren

identifizieren	ngu´
identisch (sein) mit etwas	nIb
ignorant (sein)	jIv
Ihr (Pron.)	tlhIH
illegal (sein)	Hat
immer (Adv.)	reH
Imperium	wo´
Impulskraft	Hong
in einer schlechten Position (sein)	taH
infizieren	ngej
Information	De´
inkompetent (sein)	tlhIb
Instinkt	Duj
insubordiniert (sein)	tlhIv
intendieren, im Begriff (sein)	Hech
intendiert, beabsichtigt	chIch
interessant (sein)	Daj
Invasion	yot
Ion (Partikel)	tat
Ionisierungseinheit des Transporters	jolvoy´
irgendwo	vogh
irritiert (sein)	bergh
Ja! Okay! Das werde ich (tun)! (Exklam.)	luq
Ja! Okay! Das werde ich (tun)! (Exklam.)	lu´
Ja. Wahrlich! (Antwort auf Ja/Nein-Fragen)	HIja´
Ja. Wahrlich! (Antwort auf Ja/Nein-Fragen)	HISlaH
Jacke	wep
jagen	wam
Jahr (klingon. Zeitmaß)	DIS
jammern, jaulen	vIng
jedermann, alles, jedes	Hoch
jemand, der erschreckt	tongDuj
jemand, etwas	vay´
jemanden bedauern	QoS
jemandes Spitze zerstören	Qay´
jetzt	DaH
jung (sein)	Qup
Junge	loDHom
Jurisdiktion	teblaw´
justieren, richten	lIS

Käfig • kollidieren

Käfig	mo´
Kalender	'ISjaH
kalt (sein)	bIr
Kampf	may´
kämpfen	Suv
Kampfkreuzer	may´Duj
Kapitän (m., f.)	HoD
Katalog	mem
Katastrophe	lot
Katastrophe, Desaster	Qugh
kauen	yIv
kaufen, erstehen	je´
Kaufmann (m., f.)	Suy
Kehle	Hugh
Kellicam	qelI´qam
Kette	mIr
keuchen	tlhov
Kevas	qevaS
Kind, Nachkomme	puq
Kinn	woS
kitzeln	qotlh
Klassifikation	buv
klassifizieren	buv
Kleidung	Sut
klein (sein)	mach
klettern, klimmen	toS
Klingone (m., f.)	tlhIngan
Klingonisches Imperium	tlhIngan wo´
Klingonisches Mittel, das Qualen bereitet	QIghpej
Klingonisches Notationssystem	pIqaD
Klingonisches Tier	Qa´
Klingonisches Tier	Qogh
Klingonisches Tier	´er
Klippe	qoj
klug, intelligent (sein)	val
Knie	qIv
knien, niederknien	tor
Knochen	Hom
kochen	pub
kochen	vut
kollidieren	paw´

Kolonie • Kristall

Kolonie	mID
Kolonne	tut
Komet	lIy
Kommandierender (milit.)	ra'wI'
kommen, folgen, ankommen, fortbewegen	ghoS
Kommunikationsoffizier	QumpIn
Kommunikator	QumwI'
kommunizieren	Qum
Kompromiß schließen	moS
Konflikt	yol
Konfusion, Verwirrung	mIS
Konglomeration	tlhoQ
Konsul (m., f.)	jojlu'
kontrollieren	seH
Kontrollkonsole	SeHlaw
konzentrieren (auf), Achtung zollen	qIm
konzentrieren auf	buS
Koordinaten	Quv
Kopf	nach
Kopfhaar	jIb
Kopfschmerzen (haben)	wuQ
Kopfschmerzen, einen Kater (haben)	'uH
Kopfschuppen (Pl.)	quHvaj
Körper	porgh
Körperbehaarung	pob
Korporal, milit. Rang (m., f.)	Da'
korrumpieren	qalmoH
korrupt (sein)	qal
Kraft	raD
Kraftfeld	Surchem
Kragen	mongDech
krank, schlecht (sein)	rop
Krankheit, Seuche	rop
Krankenhaus, Krankenstation	ropyaH
Kreis, Zirkel	gho
kreuzen	qugh
Krieg	veS
Krieg führen	Qoj
Kriegsgericht	ghIpDIj
Krimineller, Verbrecher (m., f.)	HeSwI'
Kristall	qut

kühl • Liebe

kühl, gefaßt (sein)	jot
kühn, mutig (sein)	jaq
Kurs, Route	He
lachen	Hagh
laden, aufladen	yov
Lager, Camp (milit.)	raQ
lahm (sein)	rIgh
Land	puH
Land, Landschaft	Hatlh
landen	Saq
Landeteam	Saqghom
Landurlaub	leSpoH
Landwirtschaft	Satlh
lang, länglich (sein)	tIq
lange, von langer Dauer (sein)	nI´
langsam (Adv.)	QIt
langweilig (sein)	Dal
langweilig, uninteressant (sein)	qetlh
laut (sein), geräuschvoll	chuS
leben	yIn
Leben	yIn
Lebenserhaltungssystem	yIntagh
Lebenszeichen	yInroH
Lebewesen (aufgebaut aus reiner Energie)	HoSDo´
Lebewesen, nicht menschlich	Dep
Leck	nIj
legal (sein)	mub
lehren, instruieren	ghojmoH
Lehren, Unterweisungen (Pl.)	paQDI´norgh
Leiche, Leichnam	lom
leicht (sein)	tIS
leicht, ein bißchen (Adv.)	loQ
leiden	bech
leidenschaftlich (sein)	nong
leihen	noj
Leistung	ta´
leiten, managen	vu´
lernen	ghoj
lesen	laD
Liebe	bang

limitieren, begrenzen	vuS
Linie	tlhegh
links, linke Seite	poS
Lippe	wuS
Los! Auf geht's! (Exklam.)	Ha´
lose, unbefestigt (sein)	QeyHa´
Lösegeld	voHDajbo´
lösen	QeyHa´moH
Lösung (Flüssigkeit)	taS
lügen	Qot
lügen, verheimlichen	nep
lustig (sein)	tlhaQ
Mädchen	be´Hom
Magen	burgh
Magenschmerzen (Pl.)	poq
Mahlzeit, Mittagessen	megh
Manager	vu´wI´
manchmal (Adv.)	rut
Mann, männlich	loD
Manöver (Antrieb)	QoD
Manöver (milit. Ausdruck)	tuH
Manuskript	ghItlh
Maschine	jonta´
Maschine, Antrieb	QuQ
Maschinerie	jo´
Maschinerie, Technik	mIqta´
Maschinist (m., f.)	jonwI´
Maß	juv
Materie	Hap
Medizin, Arznei	Hergh
Menge	ghom´a´
Mensch (m., f.)	Human
Menü	HIDjolev
Metall	baS
Meteor	chunDab
meutern, sich auflehnen	qIQ
Militär	QI´
Million (Num.)	´uy´
Mineral	tlhIl
Minute	tup

mischen • Narr

mischen, vermischen	DuD
mißachten	qImHa´
Mißbrauch	ghong
mißbrauchen	ghong
mißtrauen	voqHa´
mißverstehen	yajHa´
mitnehmen	nge´
Mittag, am Mittag	pemjep
Mittelpunkt	botlh
Mitternacht	ramjep
Mitternachtsmahl	ghem
Modul	bobcho´
mögen	parHa´
möglich (sein)	DuH
Möglichkeit	vuD
Möglichkeit, Fähigkeit	laH
Möglichkeit, Option	DuH
Monat (klingon. Zeitmaß)	jar
Mond	maS
Mondlicht	maSwov
Monitor, Display	HaSta
morden, ermorden	chot
morgen	wa´leS
Morgen, am Morgen	po
müde (sein)	Doy´
Mugato	mughato´
Mund	nuj
Munition	nIch
Muskel	Somraw
Mutter	SoS
Mythos	wIch
Nachbar (m., f.)	jIl
nachdenken über	buS
Nachmittag, am Nachmittag	pov
Nacht	ram
Nacken	mong
Naheliegendes, naheliegender Bereich	retlh
nähern, sich annähern	chol
Name	pong
Narr	qoH

Nase • offen

Nase	ghIch
Nasenloch, Nüster	tlhon
naß (sein)	yIQ
Navigator(In) (m., f.)	chIjwI´
navigieren	chIj
nehmen	tlhap
Nein! (exklamativer Ausdruck)	ghobe´
Nein! Das werde ich nicht! (Exklam.)	Qo´
nervös (sein)	bIt
neu (sein), frisch (sein)	chu´
Neun (Num.)	Hut
Neunte (Num.) (m., f., n.)	HutDIch
Neural (Lok.)	nural
Neuralese (m., f.)	nuralngan
Neutrale Zone	neHmaH
nicht einverstanden (sein)	Qoch
nicht jetzt (Adv.)	wej
nicht mögen	par
nichts, kein	pagh
niederdrücken, pressen	´uy
niederlegen	roQ
niemals (Adv.)	not
Nobilität, Edelmut	chuQun
Nomen	DIp
nörgeln	boj
Notfall	chach
Notruf	Sotlaw´
notwendig (sein)	´ut
Nova	puyjaq
null, zero (Num.)	pagh
Nummer, Zahl	mI´
nur, einfach (Adv.)	neH
nützlich (sein)	lI´
Oberfläche	DIr
Öde	Deb
oder (Konj.)	ghap
oder, entweder/oder (Konj.)	pagh
oder, und/oder (Konj.)	joq
oder, und/oder (Konj.)	qoj
offen, geöffnet (sein)	poS

Offizier • Planetoid

Offizier	yaS
Offizier	´utlh
öffnen	poSmoh
Öffnung, Schlitz	yIb
oft, oftmals (Adv.)	pIj
okkupieren (milit.)	Dan
Operation (medizinisch)	Haq
orange, rot (sein)	Doq
Orbit	bav
Ordonnanz (m., f.)	ne´
Organia	´orghen
Organianer	´orghengan
Organianisches Friedensabkommen	´orghen rojmab
Ort, Ortschaft	vengHom
Ozean	bIQ´a´
Panik	lIm
Papier	nav
Papierklammer	mavjop
parallel zu, im gleichen Abstand	Don
Parallelkurs	HeDon
Partner (m., f.)	qoch
Passagier	raQpo´
passieren, vorkommen	qaS
Patient (m., f.)	SID
patrolieren	ngIv
perfekt, exakt (sein)	pup
Person (humanoid)	ghot
Person (menschlich)	nuv
Pferdeschwanz (Frisur)	DaQ
Pflanze	poch
Phaser	pu´
Phaserbänke (Pl.)	pu´DaH
Phasergewehr	pu´beH
Phaserkommando, Mannschaft zur Bedienung der	pu´beq
Phaserpistole, Handphaser	pu´HIch
planen	nab
Planet	yuQ
Planetenoberfläche	ghor
Planetoid	yuQHom

Plastik • Rebell

Plastik, Kunststoff	mep
Platz, Ort	lan
Population	roghvaH
Präfix	moHaq
Prahlerei, Angeberei	mIy
präsentieren	much
Preis	tev
primitiv, unterentwickelt (sein)	lutlh
Privileg	DIb
problematisch (sein), ein Problem darstellen	qay´
produzieren, hervorbringen	lIng
programmieren	ghun
Projekt	jInmol
projizieren, auf den Schirm geben	Hotlh
proklamieren, verkünden	maq
Protokoll, Aufzeichnung	ta
Prozent	vatlhvI´
Pyjama	nIvnav
Quadrotritical	loSpev
qualifiziert (sein)	´um
Quelle	Hal
Rache	bortaS
Radan (unbearbeiteter Dilitiumkristall)	Dom
Rand	qogh
Rand, Kante	HeH
Rasse, Sorte, Gattung	Segh
rastlos (sein), sich unruhig fühlen	ngoj
Rat geben	qeS
raten, überlegen	loy
Ratschlag	qeS
rauh, brutal (sein)	ghegh
rauben, stehlen	Hej
rauchen	tlhIch
Raum, Zimmer	pa´
Raum, Weltraum	logh
räumen, entleeren	qeD
Raumstation	tengchaH
realisieren	tlhoj
Rebell (m., f.)	lotlhwI´

rebellieren • Rückgrat

rebellieren	lotlh
rechnen, kalkulieren	SIm
rechts, rechte Seite (Lok.)	nIH
Rede, Anrede	SoQ
regieren	qum
regieren, führen	che´
Regierung	qum
Region, Gegend	Sep
regnen	SIS
Regulaner	reghuluSngan
Regulanischer Blutwurm	reghuluS ´Iwgharggh
Regulus	reghuluS
reich, wohlhabend (sein)	mIp
Reichweite, Distanz	chuq
rein, pur (sein)	watlh
Reise, Fahrt	leng
reißen, zerren	luH
reiten	lIgh
Religion	lalDan
Remus	rIymuS
rennen, laufen	qet
reparieren	tI´
repräsentieren	´oS
Reserven	jo
respektieren	vuv
Restaurant	Qe´
retten, bergen	pol
retten, bewahren	toD
revoltieren, aufbegehren	Daw´
Revolution, Aufstand	Daw´
richtig, korrekt (sein)	lugh
riechen, ausdünsten	He´
riechen, Gerüche wahrnehmen	largh
Ring, Fingerring	Qeb
Robe, Umhang	paH
Roboter	qoq
roh, unbearbeitet (sein)	tlhol
Romulaner (m., f.)	romuluSngan
Romulus	romuluS
Rücken (des Körpers)	Dub
Rückgrat	pIp

rückkehren • Schläfchen

rückkehren	chegh
rücksichtslos, unbarmherzig (sein)	wIH
rückweichen, zurückziehen	paj
rufen, benennen	pong
Ruhe, Stille	tammoh
ruhen, ausruhen	leS
ruhig, beruhigt (sein)	tam
Ruhr (Krankheit)	pom
Ruinen (Pl.)	pIgh
Rumpf (Oberkörper)	ro
Sabotage	Sorgh
Saccharin, Zucker	HaQchor
sagen	ja´
Samenkorn	tIr
sammeln, erfassen	boS
Sanitäter(In)	boQDu´
Satellit	SIbDoH
Satz	mu´tlheg
sauber, rein (sein)	Say´
sauer (sein)	wIb
Säure	pey
scannen	Hotlh
Scanner	HotlhwI´
Schabe	vetlh
Schale, Hülse	Som
schalten, in Betrieb nehmen	leQ
Scham	tuHmoH
schämen, sich	tuH
scharf, geschliffen (sein)	jej
Schatten	QIb
schicken, senden	ngeH
Schicksal	San
schießen	bach
Schießpulver	ngat
Schiff, Fahrzeug	Duj
Schiffsbrücke	meH
Schild	yob
schimpfen mit, ausschelten	qun
Schlachtordnung	may´morgh
Schläfchen, Nickerchen	Dum

schlafen • schützen

schlafen	Qong
schlagen (mit Faust oder Hand)	qIp
schlagen, streicheln	yach
Schlange, Wurm	ghargh
schlau, gerissen (sein)	'ong
Schleuse	HIchDal
schließen	SoQmoH
Schlingenschuß	moy'bI'
schlucken	ghup
schmelzen	tet
Schmerz	bep
Schmerz, Verwundung	'oy'
Schmerzen lindern, erleichtern	Son
schmieren	ngoH
Schmutz	lam
Schmutz unter Fingernägeln	butlh
schmutzig (sein)	lam
Schnee	peD
schneiden	pe'
schneiden (Haare)	chIp
schneiden, schlitzen	SIj
schnell (Adv.)	nom
Schnurrbart	loch
schockiert, niedergeschmettert (sein)	yay'
Schokolade	yuch
schön (sein)	'IH
schreiben	ghItlh
Schreibkrampf	ngav
schreien, kreischen	jach
schreien, weinen	saQ
Schubmaschine	vIj
Schuh	waq
schuldig (sein)	DIv
Schule	DuSaQ
Schüler (m., f.)	lur
Schulter	volchaH
schürfen	tlhIl
Schuß	bach
Schütze (m., f.)	matHa'
Schütze(In)	baHwI'
schützen	Qan

schützen • Socken

schützen	yoD
schwach	Hogh
schwach (sein)	puj
schwächen	pujmoH
Schwächling (m., f.)	pujwI´
schwarz (sein)	qIj
schwer (sein)	´ugh
Schwert	´etlh
Schwester	be´nI´
schwierig (sein)	Qatlh
schwören	´Ip
sechs (Num.)	jav
Sechste (m., f., n.)	javDIch
See	ngeng
sehen	legh
Sehr gut (gemacht)! (Exklam.)	majQa´
Seil	tlhegh
seismische Spalte, Bodenriß	Seq
Seite	Dop
seitlich bewegen (sich)	nech
Sektion	´ay´
Sektor, Zone	mIch
Selbstmord begehen	HoH´egh
selbstzufrieden (sein)	jeQ
selten (sein), rar (sein)	qub
seltsam, ungewöhnlich (sein)	jum
Sendeanlage für Daten	HablI´
Sensor	noch
separieren, trennen	chev
servieren	jab
Shermanns Planet	SermanyuQ
Sicherheit	DIch
Sicherheit	Hung
sie, ihnen (Pron.)	bIH
sie, ihnen (Pron.)	chaH
sieben (Num.)	Soch
Siebente (Num.) (m., f., n.)	SochDIch
Sieg, Triumph	yay
sitzen	ba´
so, dann, in dem Fall (Adv.)	vaj
Socken (Pl.)	paSlogh

sofort • Sternenschiff

sofort (Adv.)	pay´
Sohn	puqloD
Soldat (m., f.)	mang
Soldaten (Pl.)	negh
sorgen (sich), in Not (sein)	Sot
sorgen (sich), betroffen (sein)	SaH
sorgen für etwas	Qorgh
sorglos (sein)	yepHa´
Spalte, Riß	Qargh
Spezies	mut
Sphäre	moQ
Spiel	Quj
spielen	Quj
spielen	reH
Spion (m., f.)	ghoqwI´
Spionage	lInDab
spionieren	ghoq
spotten, auslachen	nuS
Sprache	Hol
Sprache, gesprochene	QIch
sprechen	jatlh
springen	Sup
Stadt	veng
Staffel, Geschwader, Schwadron	nawlogh
Stamm	yIH
stark (sein)	HoS
stark (sein)	HoSghaj
stark (sein)	Huj
Stärke, Energie, Macht	HoS
Station	yaH
Status	Dotlh
stechen	´aw´
stehen	Qam
stehlen	nIH
Stein, Fels	nagh
sterben	Hegh
sterblich (sein)	jubbe´
Stern	Hov
Sternenbasis, Raumstation	´ejyo´waw´
Sternenflotte	´ejyo´
Sternenschiff, Sternenschiffsklasse	´ejDo´

Sternensystem	Hovtay´
Steuer, Abgabe	rup
Steuermann (m., f.)	DeghwI´
Stich, Stichwunde	DuQ
Stiefelabsatz	DaSpu´
Stimme, Ruf	ghogh
stinken	He´So´
Stirn	Quch
Situation	ghu´
stolz (sein)	Hem
stopfen, füllen	ghoD
stören, unterbrechen	Suj
Stoß, Stoßkraft	chuyDaH
Strafe	jIp
straff, fest (sein)	Qey
Strahl	tIH
Strategie	Dup
streiten	Sol
Student, Schüler (m., f.)	ghojwI´
studieren, erkunden	HaD
Stuhl	quS
Stunde	rep
Sturm	jev
suchen, Ausschau halten	nej
Suffix	mojaq
Sünde	yem
System	pat
Tag (von Dämmerung zu Dämmerung)	jaj
Tag, am Tage	pem
Taktik	to´
Taktische Darstellung	wIy
Taktischer Offizier	ya
Tal	ngech
tapfer (sein)	yoH
Tarnvorrichtung	So´wI´
Tatsache	ngoD
tauschen	tlhong
täuschen, trügen	toj
tausend (Num.)	SaD
tausend (Num.)	SanID

Techniker(In) • Tür

Techniker(In)	chamwI'
teilnehmen, einreihen (sich)	muv
Tellunisches Sternensystem	telun Hovtay'
Tempel	chIrgh
Temperatur	Hat
Theorie	nger
Theragen	Qab
Tier	Ha'DIbaH
Tier, Haustier	Saj
Tochter	puqbe'
Toilette	puch
tolerieren	chergh
Topalin	toplIn
Torpedo	peng
Torpedorohr	chetvI'
Torpedorohr	DuS
Torpedos	cha
töten	HoH
Tradition	lurDech
tragen, übermitteln	qeng
Transporterraum	jolpa'
Transporterstrahl	jol
transportieren	lup
tratschen, Geräusch	joS
trauen, vertrauen	voq
Traum	naj
traurig (sein)	'IQ
Treffen	qep
treffen, zusammenschließen	ghom
Treibstoff	nIn
trennen	wav
treten	pup
Trikorder	Hoqra'
Trillium	DIlyum
trinken	tlhutlh
trocken (sein)	QaD
Troyius (Name)	Doy'yuS
Truppen (Pl.)	QaS
Tunika	yIvbeH
Tunnel	'och
Tür, Durchgang, Tor	lojmIt

übelnehmen • Unsinn

übelnehmen, sich ärgern über etwas	qeH
überall	Dat
Überbleibsel, Rest	chuvmey
Übereinstimmung	rom
Überfall	weH
Übergabe, bedingungslose Kapitulation	Doghjey
überlegen (sein)	nIv
überlegen, vernünftig schließen	meq
übermorgen	cha'leS
übernehmen	juS
überraschen	mer
überschwemmen	SoD
übersetzen	mugh
Übersetzer	mughwI'
übertragen, transferieren	Qay
übertreiben	lach
übrig (sein)	chuv
umgeben	Dech
umgekehrt, umgedreht (sein)	yoy
Umhang	ngup
unbewohnt, verwüstet, leer	chIm
unbewußt, nicht bei Bewußtsein (sein)	vul
und (satzverbindend) (Konj.)	'ej
und, auch (Konj.)	je
unehrenhaft kämpfen	HIgh
unehrlich (sein)	yuD
unentschlossen (sein)	jotHa'
ungeduldig (sein)	boH
ungehorsam (sein), nicht gehorchen	lobHa'
ungern bereit (sein)	Hum
ungeschickt (sein), dumm	Dogh
ungeschickt, schwerfällig (sein)	Soy'
ungewöhnlich (sein)	motlhbe'
unglücklich (sein)	QuchHa'
ungnädig (sein)	web
unheimlich (sein)	taQ
Uniform	HIp
Universum	'u'
unordentlich, nachlässig (sein)	ghIH
unschuldig (sein)	chun
Unsinn	Dap

unsterblich • verhindern

unsterblich (sein)	jub
unterbrechen	qagh
unterbrechen, pausieren	ghor
unterbringen, anpassen	ma´
untergehen, untergegangen (sein)	loj
Untergrund	wutlh
unterhalten	jaw
unterlegen, untergeben (sein)	QIv
Unterlichtgeschwindigkeit	gho´Do
Unteroffizier(In)	bu´
Unterstützung	boQ
Unterstützung, militärische	nghaq
Untersuchung, Forschung	Qul
unterzeichnen	qI´
unwichtig, trivial (sein)	ram
Urlaub nehmen, beurlauben	ghIQ
Vater	vav
Vegetation	tI
Veränderung	choH
verantwortlich (sein)	ngoy´
verärgert (sein)	belHa´
Verb	wot
Verband, Bandage	Sev
verbieten, untersagen	tuch
verbinden	rar
verbleiben, bleiben	ratlh
Verbrechen	HeS
Verbrechen begehen	HeS
verdächtig (sein)	nub
verdächtig (sein)	pIH
verdammen	qIch
Vereinigte Föderation der Planeten	yuQjIjQa´
verführen	tlhu´moH
vergehen	ragh
vergelten	noD
vergessen	lIj
Verhaltenskontrolle	lolSeHcha
verhandeln	Sutlh
verheimlichen	pegh
verhindern, vorbeugen	bot

verifizieren • vielleicht

verifizieren	´ol
verkaufen	ngev
verlassen	bup
verlassen, abreisen	tlheD
verletzen (von Regeln)	bIv
vernichten, unkenntlich (machen)	Sang
Vernunft, Grundlage	meq
Verrat, Landesverrat	´urmang
verrottet (sein)	non
verrückt (sein)	maw´
Versammlung, Zusammenkunft	rIp
Versammlung, Zusammenkunft	yej
verschieben, aufschieben	lum
verschieden (sein)	pIm
verschieden, vielfach (sein)	Sar
verschlechtern, schlechter machen	´argh
verschlechtern, ungünstiger (werden)	Sab
Verschleierung, Maskierung	jech
verschwinden	ngab
verschwören	QuS
Verschwörung	QuS
verspäten	mIm
versprechen	lay´
Verstand	yab
Verstandessonde (med. Ausdruck)	tuQDoq
verstehen	yaj
verstreuen, auseinandergehen	ghomHa´
versuchen, probieren	nID
versucht, verführt (werden)	tluh´
verteidigen	Hub
Verteidigung	Hub
verwalten, Recht sprechen	loH
Verwaltung	loH
verwest (sein)	ngIm
verwirren	mISmoH
verwirrt, konfus (sein)	mIS
verwunden	QID
verwunden	rIQmoh
verwundet (sein)	rIQ
verwundet (sein)	´oy´
vielleicht, eventuell	chaq

vier • Warum?

vier (Num.)	loS
Vierte (m., f., n.)	loSDIch
vielfach, viele (sein)	law´
Vokabelverzeichnis	mu´tay´
vor langer Zeit	ben
voranschicken, vorausgehen	nung
vorbereiten, trainieren	qeq
Vorfahre (m., f.)	qempa´
Vorfahren (Pl.)	no´
Vorgänger (m., f.)	nubwI´
Vorgesetzter (m., f.)	moch
vorgestern	cha´Hu´
Vorrat, Ressource	Sup
vorschlagen	qeS
vorsichtig (sein)	Hoj
vorsichtig (sein)	yep
vorstellen, jemanden	much
Vorstellung, Präsentation	much
vorstoßen	ghoS
vorübergehend, zeitweilig	ru´
vorziehen, bevorzugen	maS
Vulkan (Planet)	vulqan
Vulkanier (m., f.)	vulqangan
Wache	´av
wachsam (sein)	Dugh
Waffe	nuH
Waffe, kleinere	nuHHom
Waffenstillstand	rojHom
wagen, trauen	ngIl
Wahl, Auswahl	wIv
wahr (sein)	teH
wahrhaftig (sein), die Wahrheit sagen	vIlt
Wald	ngem
Wanderer, Reisender	lengwI´
Wanderung, kleinere Reise, Trip	leng
Wange	qevop
Wann?	ghorgh
warnen	ghuHmoH
warten auf etwas	loS
Warum? (Fragepart.)	qatlh

Was willst Du? • Würde

Was willst Du? (Begrüßung)	nuqneH
Was? (Fragepart.)	nuq
Wasser	bIQ
wechseln, verändern	choH
wegbewegen von etwas	DoH
wegwerfen, fortwerfen	woD
weich (sein)	tun
weich sein, nachgiebig	Hab
weiß (sein)	chIS
Welle	yu´egh
wenden	tlhe´
wenige, versprengt (sein)	puS
werden, entstehen	moj
Wert besitzen, von Wert sein	lo´laH
wertlos, nutzlos (sein)	lo´laHbe´
wickeln, einwickeln	qat
Wie? Auf welche Weise? (Pron.)	chay´
widersprechen	tlhoch
Wieviel? Wieviele?	´ar
wild (sein)	qu´
Wind, Brise	SuS
winden, krümmen (sich)	nogh
winken	joq
wir, uns (Pron.)	maH
Wirt, Barmann (m., f.)	chom
wispern, flüstern	tlhup
wissen, begreifen	Sov
Wissenschaft	QeD
Wissenschaftler	tej
Wissenschaftsoffizier (m., f.)	QeDpIn
Wo?	´Iv
Wo? (Fragepart.)	nuqDaq
Wolke	´eng
wollen, begehren	neH
Worpantrieb	pIvghor
Worpfaktor	pIvlob
Wort	mu´
Wörterbuch, Diktionär	mu´ghom
Wrack	puy
wundern	SIv
Würde	nur

würgen • zusammen

würgen	voQ
Wüste	choS
zählen	togh
Zahn	Ho´
Zahnschmerzen	Ho´´oy´
Zeh	yaD
zehn (Num.)	maH
zehn (Num.)	wa´maH
zehntausend (Num.)	netlh
Zehnte (m., f., n.) (Num.)	wa´maHDIch
zeigen	´ang
zeigen, vorführen	cha´
Zeit	poH
Zeitperiode	poH
Zeitraum vor ein paar Tagen	Hu´
zerstören	Qaw´
zerstören, beschädigen	QIH
Zerstörung, Zerstörung verursachen	QIH
Ziel	DoS
Ziel	ngoQ
Ziel erreichen, Erfolg erzielen	chav
Ziel, Schicksal	ghoch
Ziele	ray´
Zivilisation	tayqeq
zivilisieren	taymoH
zivilisiert (sein)	tay
Zoo	Hu
Zorn	QeH
zornig, verrückt (sein)	QeH
züchten, hervorbringen	Sep
zufällig, durch einen Unfall	bong
Zuflucht	lulIgh
zufrieden (sein)	yon
zugreifen	naw´
zukünftig, in vielen Jahren	nem
Zukünftige	leS
zünden, aktivieren (eine Maschine)	chu´
Zunge	jat
zurückziehen, ungültig (machen)	HeD
zusammen (sein)	tay´

zusammenarbeiten • Zwielicht

zusammenarbeiten, kooperieren	jIj
zusammenbrechen, kollabieren	Dej
zusammenschließen, versammeln	lIq
zwei (Num.)	cha´
Zweifel	Hon
zweite (Num.) Mal (Temp.)	cha´DIch
zweite (Num.) Mal (Temp.)	lup
Zwielicht	choS

KLINGONISCHE AFFIXE

1. Nomensuffixe

Die Ziffern geben die entsprechende Suffixklasse an:

-chaj	4	*ihr*
-Daj	4	*sein/ihr*
-Daq	5	Lokativ
-Du	2	Plural (Körperteile)
-Hey	3	*augenscheinlich, offensichtlich*
-Hom	1	Diminutiv
-lIj	4	*dein*
-lI'	4	*dein* (das entsprechende Nomen besitzt Sprachfähigkeit)
-maj	4	*unser*
-ma'	4	*unser* (das entsprechende Nomen besitzt Sprachfähigkeit)
-mey	2	Plural (allgemeine Form)
-mo'	5	*wegen, aufgrund, infolge von*
-na'	3	Definitivität
-pu'	2	Plural (das entsprechende Nomen besitzt Sprachfähigkeit)
-qoq	3	*(das) so genannte*
-raj	4	*euer*
-ra'	4	*euer* (das entsprechende Nomen besitzt Sprachfähigkeit)
-vaD	5	*für, um*
-vam	4	*dieses*

DAS KLINGONISCHE WÖRTERBUCH

-vetlh	4	*das*
-vo´	5	*von*
-wIj	4	*mein*
-wI´	4	*mein* (das entsprechende Nomen besitzt Sprachfähigkeit)
-´a´	1	Augmentativ
-´e´	5	Topisierung

2. Pronominale Präfixe

o	*er/ sie /es* (kein Objekt), *er/sie/es – ihm/ihr/es/ihnen, sie* (kein Objekt), *sie – ihnen*
bI	*du* (kein Objekt)
bo-	*u* (Plural) *– ihm/ ihr/ ihm/ ihnen*
che	*ihr* (Plural) *– ihm/ ihr/ ihm/ ihnen*
cho-	*du – mir*
Da-	*du – ihm/ ihr/ ihm/ ihnen*
DI-	*wir – ihnen*
Du-	*er/ sie/ es – du*
gho-	Imperativ: *du – uns, ihr – uns*
HI-	Imperativ: *du – mir, ihr – mir*
jI-	*ich* (kein Objekt)
ju-	*du – uns*
lI-	*er/ sie/ es – ihr, sie – ihr*
lu-	*sie – ihm/ ihr/ ihr*
ma-	*wir* (kein Objekt)
mu-	*er/ sie/ es – mir, sie – mir*
nI-	*sie – uns*
nu-	*er/ sie/ es – uns, sie – uns*
pe-	Imperativ: *ihr* (kein Objekt)
pI-	*wir – ihr*
qa-	*ich – du*
re-	*wir – ihr*
Sa-	*ich – ihr*
Su-	*ihr* (kein Objekt)
tI-	Imperativ: *du – ihnen, ihr – ihnen*
tu-	*ihr – mir*
vI-	*ich – ihm/ ihr/ ihm*
wI-	*wir – ihm/ ihr/ ihm*
yI-	Imperativ: *du* (kein Objekt), *du – ihm/ihr/ihm, ihr – ihm/ihr/ihm*

KLINGONISCHE AFFIXE

3. Verbsuffixe

Die Ziffern geben die Suffixklasse an, das (W) steht für den „Wanderer".

-beH	2	*fertig, hochgefahren* (referiert auf eine Anlage)
-bej	6	*sicherlich, zweifellos*
-be´	W	*nicht, kein*
-bogh	9	*welches, der, die, das* (Relativpronomen)
-choH	3	*Wechsel, Änderung*
-chugh	9	*wenn, falls*
-chuq	1	*sich gegenseitig*
-chu´	6	*perfekt, klar*
-DI´	9	*sobald als, wenn*
-Ha´	W	*rückgängig machen (gemacht)*
-laH	5	*können, in der Lage sein zu*
-law´	6	*scheinen, augenscheinlich*
-lI´	7	indefinites Subjekt
-meH	9	*um, damit* (Finalpronomen)
-moH	4	*Grund, auf der Grundlage, weil*
-neS	8	Ehrbezeugung, Ehrerbietung
-nIS	2	*benötigen, brauchen*
-pa´	9	*vor, zuvor*
-pu´	7	Perfektiv
-qang	2	*wollen, anstreben* (futurisch)
-qa´	3	*wiederholen, noch einmal machen*
-qu´	W	Emphase
-Qo´	W	*Nicht! Werde nicht! Tue nicht!*
-rup	2	*fertig, vorbereitet* (in bezug auf Lebewesen)
-taH	7	kontinuierlich, fortlaufend
-ta´	7	*vollendet, getan, fertig*
-vIp	2	*fürchten, befürchten*
-vIS	9	*während*
-wI´	9	*jemand/ etwas, der/ das ist/ tut*
-´a´	9	Interrogation
-´egh	1	*man selbst, sich selbst*

4. Suffixe an Numeralen

-DIch	Ordinalzahlen (erste, zweite etc.)
-logh	einmal, zweimal etc.

DEUTSCHER INDEX ZU KLINGONISCHEN AFFIXEN

1. Nomensuffixe

Die Ziffern geben die entsprechende Suffixklasse an:

augenscheinlich, offensichtlich	**-Hey**	3
Augmentativ	**-´a´**	1
Definitivität	**-na´**	3
Diminutiv	**-Hom**	1
wegen, infolge, aufgrund	**-mo´**	5
um zu, damit	**-vaD**	5
von	**-vo´**	5
sein/ihr	**-Daj**	4
Lokativ	**-Daq**	5
mein	**-wIj´**	4
mein (Nomen besitzt Sprachfähigkeit)	**-wI´**	4
unser	**-maj**	4
unser (Nomen besitzt Sprachfähigkeit)	**-ma´**	4
Plural (Lebewesen mit Sprachfähigkeit)	**-pu´**	2
Plural (Körperteile)	**-Du´**	2
Plural (allgemein)	**-mey**	2
so genannte	**qoq**	3
das	**-vetlh´**	4
deren	**-chaj**	4

DEUTSCHER INDEX

dieses	**-vam**	4
Topisierung	**-´e´**	5
dein	**-lIj**	4
dein (Nomen besitzt Sprachfähigkeit)	**-lI´**	4
euer	**-raj**	4
euer (Nomen besitzt Sprachfähigkeit)	**-ra´**	4

2. Pronominale Präfixe

er/ sie/ es (kein Objekt)	**0**
er/ sie/ es – ihm/ ihr/ ihm/ es	**0**
er/ sie/ es – mir	**mu-**
er/ sie/ es – uns	**nu-**
er/ sie/ es – dir	**Du-**
er/ sie/ es – euch	**lI-**
ich (kein Objekt)	**jI-**
ich – ihm/ ihr/ ihm/ es	**vI-**
ich – du	**qa-**
ich – ihr/ euch	**Sa-**
sie (kein Objekt)	**0**
sie – ihm/ ihr/ ihm/ es	**lu-**
sie – mir	**mu-**
sie – ihnen	**0**
sie – uns	**nu-**
sie – dir/ du	**nI-**
sie – ihr/ euch	**re-**
wir (kein Objekt)	**ma-**
wir – ihm/ ihr/ ihm/ es	**wI-**
wir – ihnen	**DI-**
wir – du/ dir	**pI-**
wir – ihr/ euch	**re-**
du (kein Objekt)	**bI-**
du – ihm/ ihr/ ihm/ es	**Da-**
du – mir	**cho-**
du – uns	**ju-**
ihr (kein Objekt)	**Su-**
ihr – ihm/ ihr/ ihm/ ihnen	**bo-**
ihr – mir	**tu-**
ihr – uns	**che-**
Imperativ: *du* (kein Objekt)	**yI-**

DAS KLINGONISCHE WÖRTERBUCH

Imperativ: *du – ihm/ ihr/ ihm/ es*	**yI-**
Imperativ: *Du – mir*	**HI-**
Imperativ: *du – ihnen*	**tI-**
Imperativ: *du – uns*	**gho-**
Imperativ: *ihr* (kein Objekt)	**pe-**
Imperativ: *ihr – ihm/ ihr/ ihm/ es*	**yI-**
Imperativ: *ihr – mir*	**HI-**
Imperativ: *ihr – ihnen*	**tI-**
Imperativ: *ihr – uns*	**gho-**

3. Verbsuffixe

Die Ziffern zeigen die entsprechende Suffixklasse an, (W) kennzeichnet die „Wanderer".

in der Lage sein zu, können	**-laH**	5
erreichen, leisten	**-ta´**	7
fürchten, befürchten	**-vIp**	2
offensichtlich, augenscheinlich	**-law´**	6
sobald als, wenn	**-DI´**	9
bevor, zuvor	**-pa´**	9
können, in der Lage sein	**-laH**	5
verursachen	**-moH**	4
sicherlich, mit Sicherheit	**-bej**	6
Wechsel, Änderung	**-choH**	3
deutlich, klar	**-chu´**	6
kontinuierlich, andauernd	**-taH**	7
wiederholen, noch einmal tun	**-qa´**	3
Nicht! Nicht tun!	**-Qo´**	W
getan, geschafft, beendet	**-ta´**	7
Emphase	**-qu´**	W
um zu (Finalpronomen)	**-meH**	9
Ehrerbietung, Verehrung	**-neS**	8
wenn, falls	**-chugh**	9
andauernd, in der Entwicklung begriffen	**-lI´**	7
Indefinites Subjekt	**-lu´**	5
brauchen, benötigen	**-nIS**	2
nicht, kein	**-be´**	W
einander, gegenseitig	**-chuq**	1
jemand/ etwas, der/ das tut/ ist	**-wI´**	9
selbst, man selbst	**-´egh**	1

DEUTSCHER INDEX

Perfektiv	**-pu´**	7
perfekt, vollendet	**-chu´**	6
bereit, vorbereitet (in bezug auf Dinge)	**-rup**	2
fortschreiten, im Fortschritt	**-lI´**	7
fertig, bereit (in bezug auf Lebewesen)	**-rup**	2
fertig, bereit (in bezug auf Geräte)	**-beH**	2
zusammenfassend	**-qa´**	3
scheinen, erscheinen	**-law´**	6
hochfahren, in Betrieb nehmen (in bezug auf Gerätschaften)	**-beH**	2
etwas, das tut, was ist	**-wI´**	9
rückgängig machen	**-Ha´**	W
zweifellos, ohne Einschränkung	**-bej**	6
wenn	**-DI´**	9
welches (Relativpronomen)	**-bogh**	9
während	**-vIS**	9
bereit zu tun, gewillt sein (futurisch)	**-qang**	2
Nicht tun werden! Nein!	**-Qo´**	W

4. Suffixe an Numeralen

Ordinalzahlen (erste, zweite etc.)	**-DIch**
einmal, zweimal etc.	**-logh**

ANHANG

Liste nützlicher klingonischer Phrasen

Für diejenigen, die sich einen raschen Zugang in die klingonische Sprache verschaffen möchten, ohne die genaue grammatikalische Beschreibung ausführlich zu studieren, wird im folgenden für eine Reihe von Ausdrücken ein Betonungsparadigma gegeben. Die Buchstaben können, bis auf die folgenden Notationskonventionen, mit ihrem entsprechenden deutschen Lautwert gelesen werden.

a	wie in	*rar*
e	wie in	*Bett*
i	wie in	*Ritt*
o	wie in	(engl.) *go*
oo	wie in	*Huhn*
ow	wie in	(engl.) *cow*
y	wie in	*Ei* (sofern als Vokal verwendet)
kh	wie in	*Bach*
gh	wie das aspirierte *ch* in *keuchen*	

In Wörtern mit mehr als einer Silbe werden die betonten Silben in Großbuchstaben geschrieben. Diejenigen, die sich für das Erlernen nur dieser, stark gekürzten Lautlehre des Klingonischen entscheiden, sollten bedenken, daß sie mit einem starken terranischen Akzent sprechen werden.

ANHANG

Deutsch	Klingonisch	Betonung (grob)
Ja.	hlja´ oder HISlaH	khi-JA oder khish-LAKH
Nein.	ghobe´	gho-BE
Ich habe es getan!	pltlh	pitl
Aha! Gut!	toH	tokh
Wie ist das passiert? Was passiert hier?	chay´	chy
Ich verstehe nicht.	jlyajbe´	Ji-YAJ-be
Ist mir egal!	jlSaHbe´	ji-SHAKH-be
Kein Problem!	qay´be´	ky-BE
Sprichst du/ Sprechen Sie Klingonisch?	tlhingan Hol Dajatlh´a´	TLIngan khol da-jatL-A
Ich spreche kein Klingonisch.	tlhingan Hol vliatlhHbe´	TLIngan khol vii-JATL-lakh-BE
Wo gibt es ein gutes Restaurant?	nuqDaq ´oH Qe´ QaQ´e´	NOOK-dak okh kkhe KKHAKKH-e
Wo ist das Badezimmer?	nuqDaq ´oH puchpa´´e´	NOOK-dak okh pOOch-PA-e
Wieviel Sprit haben wir noch?	nln ´arwLghaj	nin ar wi-GHAJ
Ich werde (es) nicht (tun)!	qo´	kkho
Füttere ihn!	ylje´	yi-JE
Du hast recht.	bllugh	bi-LOOGH
Du hast unrecht.	bllughbe´	bi-loogh-BE
Störe ich (dich)?	qaSuj´a´	ka-shooj-A
Das ist nicht mein Fehler!	plch vlghajbe´	pich vi-ghaj-BE
Mein Chronometer hat angehalten.	tlhaqwlj ch´Ha´lu´pu´	TLAK-wij choo-KHA-loo-poo
Die Maschine ist überlastet.	tujqu´choH QuQ	tooj-KOO-chokh kkhookkh
Wo kann ich mir die Schuhe putzen lassen?	nuqDaq waqwlj vllam Ha´cho HmoH	NOOK-dak WAK-wij vi-lam-KHA-chokh-mokh
Wird es weh tun?	´oy´´ a	oy-A
Beamt mich an Bord!	hijol	khi-JOL
Transporterstrahl aktivieren!	jol ylchu´	jol yi-CHOO
Gebt auf oder sterbt!	bljeghbe´chugh vaj blHegh	bi-jegh-BE-choogh vaj bi-KHEG
Wir treffen uns in der Bar.	tachDaq maghom	Tach-dak ma-GHOM

DAS KLINGONISCHE WÖRTERBUCH

Deutsch	Klingonisch	Aussprache
Deine Nase glänzt.	boch ghIchraj	boch GHICH-raj
Vertraue stets deinen Instinkten.	duj zIvoqtaH	dooj ti-VOK-takh
Hier sind Klingonen.	naDev tlhinganpu' tu'lu'	na-DEV tlingan-POO TOO-loo
Sage es ihm/ihr nicht!	yIja'Qo'	yi-ja-KKHO
Komm her!	HIghoS	khi-GHOSH
Gehe ins Gefängnis!	bIghHa'Daq yIghoS	bigh-KHA-dak yi-GHOSH
Zeige ihn auf dem Schirm.	yIHotlh	yi-KHOTL
Das ist schlecht/unglücklich.	do'Ha'	do-KHA
Verstanden. Ich verstehe.	jIyaj	ji-YAJ
Erfolg!	qalpa'	Kkhap-LA
Man wird sich deiner mit Ehrerbietung erinnern.	batlh DaqawIu'taH	batl da-KOW-loo-takh
Tier!	Ha'DIbaH	KHA-di-bakh
Hier passiert nichts.	naDev qaS wanI'ramqu'	na-DEV kash wa-NI ram-KOO
Ist das verstanden (worden)?	yaj'a'	yaj-A
Euer Schiff ist ein Mülltransporter.	veQDuj 'oH DujlIj'e'	vekkh-DOOJ okh DOOJ-lij-E
Ich habe Kopfschmerzen.	jIwuQ	ji-WOOKKH
Beeilt Euch!	tugh	toogh
Sehr gut! Gut gemacht!	majQa'	maj-KKHA
Was willst du? (Begrüßung)	nuqneH	nook-NEKH
O.K.	lu' oder luq	loo oder look
Wann wird das Wasser heiß sein?	ghorgh tujchoHpu'bIQ	ghorgh-TOOJ-chokh-poo-bikkh
Ist dieser Platz besetzt?	quSDaq ba'lu''a'	KOOSH-dak BA-loo-a
Ich kann meinen Kommunikator nicht finden.	qumwI'wIj vItu'mIv vam	kkhoom-WI-wij vi-TOO-lakh-BE
Dieser Helm steht dir.	du'IHchoHmoH mIv vam	doo-IKH-chokh-mokh MIV-vam
Du brauchst eine Pause!	bIleSnIS	bi-LESH-nish
Zahle jetzt!	DaH yIDIl	dakh yi-DIL
Viertausend Kehlen mögen in einer Nacht durchgeschnitten werden.	qaStaHvIS wa' ram loS SaD Hugh SIjlaH qtbogh loD	KASH-takh-vish wa ram losh shad khoogh SHIJ-lakh KET-bogh lod
Rache ist ein Gericht, das am besten kalt serviert wird.	bortaS bIr jablu'DI' reH QaQqu'nay'	or-TASH bir JAB-loo-DI rekh kkhakkh-KOO ny

ANHANG

Wieviel möchtest du dafür haben?	dochvetlh dIlmetH Huch 'ar DaneH	DOCH-vetl DIL-mekh khooch ar da-NEKH
Ich habe mich verirrt.	jIHtaHbogh naDev vISovbe'	JIKH-takh-bogh na-DEV vi-shov-BE
Ich kann das nicht essen.	dochvelth vISoplaHbe'	DOCH-vetl vi-SHOP-lakh-BE
Ich kann das nicht trinken.	dochvetlh vItlhutlhlaHbe'	DOCH-vetl vi-TILOOTL-lakh-BE
Geh weg!	naDev vo' yIghoS	na-dev-VO yi-GHOSH
Wie verwende ich das?	chay'Dochvam vIlo'	chy DOCH-vam vi-LO
Was tue ich hiermit?	naqDaq Dochvam vIlan	NOOK-dak DOCH-vam vi-LAN
Ich habe ihn/sie noch niemals gesehen.	not vIleghpu'	not vi-LEGH-poo
Ich habe es nicht getan.	vIta'pu'be'	vi-TA-poo-BE
Ich war nicht hier.	pa' jIHpu'be'	pa JIKH-poo-BE
Du siehst krank aus.	bIplvHa'law'	bi-piv-KHA-low
Du siehst furchtbar aus.	bImoHqu'	bi-mokh-KOO
Du lügst.	binep	bi-NEP
Sei ruhig!	yItamchoH	y-TAM-chokh
Sei ruhig! Spreche nicht!	yIjatlhQo'	yi-jatl-KKHO
Halt den Mund!	bIjatlh 'e' yImev	bi-JATL e yi-MEV
Wo schlafe ich?	nuqDaq jIQong	NOOK-dak ji-KKHONG
Beißt es?	chop'a'	chop-A
Wirst du mein Manuskript lesen?	ghtlh vIghtlhla'bogh DalaD'a'	ghitl vi-GHITL-ta-bogh da-lad-A
Wo hast du meine Schokolade hingetan?	nuq Daq yuch Dapol	NOOK-dak yooch da-POL

EINFÜHRUNG IN DAS ADDENDUM

Die ursprüngliche Ausgabe dieses Wörterbuches sollte keine vollständige Beschreibung der klingonischen Sprache sein, sondern hatte sich stets als Überblick und Einstieg in die Grammatik des Klingonischen verstanden; daneben sollte ein repräsentativer Überblick des Wortschatzes zur Verfügung gestellt werden.
Seit seinem ersten Erscheinen ist das Studium des Klingonischen fortgeschritten und der Zugang zu dieser Sprache konnte erweitert werden. Unglücklicherweise konnten aus unterschiedlichen Gründen, u.a. der derzeitigen wirtschaftlichen Rezession dieses Sektors und verschiedenen politischen Veränderungen, die Forschungsmittel trotz Bemühungen nicht nennenswert vergrößert werden. Die linguistische Forschung beschäftigt sich zur Zeit jedoch mit ähnlichen Projekten wie der *Klingonischen Enzyklopädie* und der *Romulanischen Chrestomatie*. Nichtsdestoweniger konnte soviel neue Information zusammengestellt werden, die ein, wenn auch kurzes Addendum zu dieser Ausgabe rechtfertigt. Das Addendum gliedert sich in der Numerierung analog zum Hauptteil, so daß das Nachschlagen per Kreuzverweis gesichert ist.
Der Autor möchte an dieser Stelle noch einmal dem Amt für Wissenschaftliche Forschung der Föderation für die Unterstützung dieses Projektes danken, darüber hinaus sollen diejenigen gebührend gewürdigt werden, mit deren Unterstützung das eigentliche Projekt erst möglich gemacht wurde. Es sind dieses die stets mehr werdenden Klingonen, die bereit sind, ihre Sprache und Kultur mit uns zu teilen. **taHjaj bo.**

3. NOMENSUFFIXE

3.3.1 Typ 1: Augmentative/Diminutive

-oy Kosebezeichnung, Kosewort

Dieses unregelmäßig vorkommende, jedoch sehr interessante Suffix ist der einzige (bekannte) Vertreter seiner Art, der mit einem Vokal anstelle des sonst üblichen Konsonanten beginnt (obwohl es dafür keine Beispiele gibt, wird vermutet, daß den wenigen Suffixen, die mit einem Vokal beginnen, ein ´ vorangestellt wird). Das Suffix folgt gewöhnlich einem Nomen, das auf einen Verwandten referiert (Mutter, Vater etc.), aber es kann auch an einem Nomen, das ein Tier referiert, verwendet werden. Dieses ist dann für gewöhnlich ein Haus- oder Schmusetier. Allgemein drückt das Nomen Stolz und Zuneigung aus, ganz gleich wo es verwendet wird. Es wird allen Studenten des Klingonischen und Nicht-Muttersprachlern dringend abgeraten, dieses Suffix zu verwenden, sofern sie nicht genau wissen, mit wem oder was sie es zu tun haben.

vav *Vater*   **vavoy** *Papa, Vati*
be´nI´ *Schwester*   **be´nI´oy** *Schwesterchen*

4. VERBEN

4.2.6 Typ 6: Qualifikation

-ba´ *offensichtlich*

Dieses Suffix wird verwendet, wenn der Sprecher davon ausgeht, daß seine Sichtweise der Dinge dem Hörer deutlich sein sollte, oder der Sprecher die Offensichtlichkeit einer Sachlage auch für sein Gegenüber annimmt. Doch es bleibt immer noch ein gewisser Platz für Zweifel, wodurch das Suffix nicht so unzweifelhaft verstanden werden kann wie das ihm verwandte **-bej** *sicherlich*.

nepwI´Daba´ *er/ sie lügt offensichtlich* (**nepwI´** *Lügner,* **Da** *sich verhalten/ handeln wie*)

4.2.9 Typ 9: Syntaktische Markierungen

-mo *weil*

Dieses Suffix ist identisch mit dem der Klasse fünf **-mo´** und hat dieselbe Bedeutung: *weil, wegen*

bIganmo´ *weil du alt bist* (**gan** *alt (sein)*)
Heghpu´mo´ yaS *deswegen, weil der Offizier gestorben ist* (**Hegh** *sterben,* **yaS** *Offizier*)
jaj *mögen*

VERBEN

Dieses Suffix drückt ein Verlangen oder einen Wunsch von Seiten des Sprechers aus, etwas möge in der Zukunft geschehen. Wenn es verwendet wird, darf kein Suffix der Aspektierung (Typ 7) zusätzlich am Verb stehen. **-jaj** wird oft mit *möge* oder *lasse* übersetzt und kann zum Zwecke eines Fluches oder eines Trinkspruches verwendet werden.

jaghpu'lI' DaghIjjaj *mögest du der Schrecken deiner Feinde sein*
(**jaghpu'lI'** *deine Feinde*, **ghij** *Schrecken, erschrecken*)

tlhonchaj chIljaj *mögen sie ihre Nasenlöcher verlieren* (**tlhonchaj** *ihre Nasenlöcher*, **chIl** *verlieren*)

-ghach Nominalisierung

Im Klingonischen gibt es eine Vielzahl von Nomen und Verben, die in der Form identisch sind (z.B. **ta'** *fähig (sein), Fähigkeit*). Es ist nicht bekannt, ob alle Verben als Nomen verwendet werden können, doch sicher ist, daß Verben, die auf ein Suffix enden (z.B. **-Ha'** *rückgängig machen* **lobHa'** *nicht (mehr) befolgen*), in dieser Funktion nicht erlaubt sind. Das Suffix **-ghach** kann jedoch ungeachtet aller weiteren Suffixe eine Nominalisierung bewirken. Vergleichen Sie die folgenden Beispiele:

lo' *Verwendung* (Nomen) (**lo'** *verwenden*)
lo'laHghach *Wert* (**lo'laH** *wert (sein)*)
lo'laHbe'ghach *Wertlosigkeit* (**lo'laHbe'** *wertlos (sein)*)

naD *Bestätigung, Empfehlung* (**naD** *empfehlen, bestätigen*)
naDHa'ghach *fehlende Bestätigung, schlechte Empfehlung* (**naDHa'** *nicht empfehlen, abraten*)
naDqa'gha'ch *Rückbestätigung* (**naDqa'** *nochmalig empfehlen, bestätigen*)

5. ANDERE WORTARTEN

5.4 Adverbiale

Die ursprüngliche Liste der Adverbiale kann um die folgenden Wörter erweitert werden:

ghjaytan *ähnlich*
jaS *verschieden*
nIteb *allein handeln, auf sich selbst gestellt sein*
pe'vIl *kraftvoll, mächtig*
SIbI' *sofort*

Die früher formulierte Annahme, Adverbiale könnten nur am Beginn eines Satzes verwendet werden, hat sich mittlerweile als nicht ganz richtig herausgestellt (Kapitel 6.7).
Zusätzlich zu **neH** *nur* hat sich noch ein zweiter Vertreter dieser Positionierungskategorie gefunden, wenn sich dieses auch syntaktisch merkwürdig verhält.

jay' Intensivierung

Dieses Suffix intensiviert nicht nur das gesagte, sondern es verwandelt den gesamten Satz in eine Schmähung oder Beschimpfung.

qaStaH nuq jay' *Was zum #$*@ passiert hier?*

ANDERE WORTARTEN

(**qaStaH** *etwas erscheint, taucht auf,* **nuq** *was?*)
(**mIch ´elpu´jay´** *Sie haben den #$%q@ Sektor geentert!*
 (**mIch** *Sektor,* **´elpu** *sie haben es geentert*)

5.5 Exklamationen

Es hat sich herausgestellt, daß das Fluchen unter den Klingonen fast schon in den Bereich der Schönen Künste fällt. Es gibt mittlerweile weit mehr Flüche als in der früheren Ausgabe dieses Buches . Nicht in allen Fällen ist es nachvollziehbar, wie diese Flüche verwendet werden, doch sind manche eher auf die Anrede einer Person bezogen, während andere eher in einem allgemeinen Bezug stehen.

Namensbezogen	Allgemeine Beschimpfungen
petaQ	**va**
toDSaH	**Ghay´cha´**
taHqeq	**baQa´**
yIntagh	**Hu´tegh**
Qovpatlh	

Die Invektion **va** ist nur eine Abkürzung von **Qu´vatlh**. Beachten Sie, daß das Adverbial **jay´** eine allgemeine Bekräftigung der Invektion darstellt (Kapitel 5.4).

6. SYNTAX

6.4 Fragen

Fragen, die auf einem Ausdruck wie „richtig?" oder „ist es nicht so?" enden, werden mit dem Verb **gar** *richtig, akkurat (sein)* und dem Suffix -´**a**´, Interrogation, gebildet. Dieses folgt entweder dem Verb oder beschließt in jedem Fall als letztes Wort den Satz. Beide der folgenden Fragen sind korrekt:

De´ Sov qar´a´ HoD
De´Sov HoD qar´a´ *Der Captain kennt die Information, richtig?*
 (**De´** *Information*, **Sov** *er/ sie weiß, kennt es*,
 HoD *Captain*)

6.7 Ersetzung adverbialer Elemente

Man ging früher davon aus, daß Adverbiale (mit der einzigen Ausnahme **neH** *nur*) stets zu Beginn des Satzes stehen müssen. Dieses ist im allgemeinen zwar der Fall, doch das tatsächliche syntaktische Phänomen entsteht darin, daß das Adverbial der Objekt-Verb-Nomen-Konstruktion vorangeht. Es ist also möglich, daß ein anderer Ausdruck vor dem Adverb positioniert wird, meistens handelt es sich dabei um eine Phrase oder ein Nomen, das eine temporale Bedeutung hat (z.B. *heute, um sechs Uhr* etc.).

SYNTAX

DaHjaj nom Soppu´ *Heute haben sie schnell gegessen.*
(**DaHjaj** *heute,* **nom** *schnell,* **Soppu´** *sie haben gegessen*)

Das Adverb mag dem Objektnomen folgen (bleibt jedoch vor dem Verb positioniert), wenn das Objektnomen durch das Suffix **-´e´** topisiert wird (Kapitel 3.3.5).

HaqwI´ ´e´ DaH yISam *Finde den CHIRURGEN, jetzt!*
(**HaqwI´** *Chirurg,* **DaH** *jetzt,* **yISam** *finde ihn/sie!*)

6.8 Indirekte Objekte

Während das (direkte) Objekt des Verbs der Rezipient der im Verb ausgedrückten Handlung ist, kann das indirekte Objekt als deren Empfänger fungieren. In einem klingonischen Satz steht das indirekte Objekt vor dem (direkten) Objekt und wird mit einem Nomensuffix der Klasse 5, **-vaD** *für, bestimmt für,* markiert. Das Suffix kann entweder an einem Nomen oder einem Pronomen verwendet werden.

yaSvaD taj nobpu´qama´ *Der Gefangene gab dem Offizier das Messer.* (**yaS** *Offizier,* **taj** *Messer,* **nobpu´** *geben* (Perfektiv), **qama´** *Gefangener*)

chaHvaD Soj qem yaS *Der Offizier bringt ihnen Essen.*
(**chaH** *sie/ ihnen,* **Soj** *Essen, Nahrung,* **qem** *bringen,* **yaS** *Offizier*)

KLINGONISCH – DEUTSCH

bagh	ziehen
beQ	flach (sein)
betleH	Klingonische Handwaffe
bIj	bestrafen
bIj	Bestrafung
bIreQtagh	Lunge
boQ	Hilfe, Unterstützung
chab	Auflauf, Kuchen
chIl	verlieren
chov	schätzen, abschätzen
cho´	Nachfolge, Thronfolge
cho´	nachfolgen
chuS´ugh	Klingonisches Musikinstrument
chu´wI´	Schalter
Da	benehmen, verhalten (wie)
DaHjaj	heute
Daj	überprüfen, ergebnislos
Daq	Ort, Bereich
Dargh	Tee
Degh	Medaille, Emblem, Symbol
DI	Abfall, Müll
DoD	markieren, Ort in Koordinaten angeben
DungluQ	Mittag
Duy´a´	Botschafter (In)
ghaytan	ähnlich (Adv.)

ghew	Käfer
gehe˝or	Klingonische Unterwelt für Ehrlose
ghoch	folgen, verfolgen
ghojmoq	Schwester, Gouvernante
ghuv	rekrutieren
Haqtaj	Skalpell
HaqwI´	Chirurg(In)
Ha´DIbaH	Fleisch, Tier
Hegh	Tod
Hergh QaywI´	pneumatisch
HerghwI´	pneumatisch
HIj	empfangen
HoH	Töten
jaS	verschieden (Adv.)
jatlh	sagen
jay´	intensiv (Adv.)
ja´chuq	Klingonisches Ritual
jech	maskieren, kostümieren
jey	Logbuch, Reisetagebuch
jIH	zeigen, vorführen
jogh	Quadrant
juHqo´	Heimat (Welt)
lagh	Symbol, Flagge
lagh	auseinandernehmen
latlh	anderer, ein(e) andere
la´quv	Oberkommando
la˝a´	Kommandant
len	unterbrechen
leSSov	Weitsicht, Voraussicht
lIngwI´	Generator
lo´	verwenden, benutzen
lupDujHom	Beiboot
lurgh	Richtung
mangHom	Kadett(In)
matlh	loyal (sein)
mej	verlassen, abreisen
meqba´	vorschriftsmäßiges Verfahren
mIw	Verfahren, Prozedur
morgh	protestieren
mun	einmischen
muvmoH	rekrutieren

muvtay	Initiation, Einführung
nab	Plan, Vorgehen
naD	loben, empfehlen
naD	Empfehlung
naDHa´	abraten
naDHa´ghach	Nichtempfehlung
naH	Frucht, Gemüse
naQ	voll, vollständig, ganz (sein)
naQ	Stab, Offiziersstab
nargh	entkommen, flüchten
nejwI´	Probe
nenghep	Klingonischer Zeitpunkt der Initiation
nentay	Klingonisches Ritual der Initiation
nImbuS wej	Nimbus III
nIS	unterbrechen, Einfluß nehmen
nIteb	allein, allein handeln
nItlhpach	Fingernagel
noH	Krieg
notlh	obsolet (sein)
nuHmey	Arsenal
nuqjatlh	Was hast du gesagt? Was? (Exklam.)
ngeHbej	Kosmos
ngoch	Politik
pach	Kralle, Klaue
patlh	Rang (milit.)
peHghep	Klingonisches Jahr der Aufnahme
peQ	Magnetismus
peQ chem	Magnetisches Feld
pe´vIl	kraftvoll, durch Kraft (Adv.)
pIn´a´	Meister
pIpyuS	Pipius
pIw	Geruch
pop	Belohnung
potlh	wichtig (sein)
qaD	Herausforderung
qaD	herausfordern
qagh	Wurm, schlangenähnlich (Nahrung)
qaq	vorzuziehen (sein)
qar	akkurat, ordentlich (sein)
qawHaq	Datenbank
qel	überdenken, in Rechnung stellen

qIt	möglich (sein)
qo'	Welt, Bereich
qughDuj	Kreuzer
qumwI'	Gouverneur
qutluch	Klingonische Handwaffe
quv	geehrt, verehrt (sein)
quv	ehren, verehren
quvmoH	Ehre
QaH	Hilfe, Unterstützung
Qang	Kanzler
QI'tomer	Khitomer
QI'tu'	Paradies
Qol	beamen, transportieren
Qo'	Nein! Ich stimme nicht zu! (Exklam.)
Qo'noS	Kronos
ra'ghomquv	Oberkommando
rI'	grüßen
rI'Se'	Grußfrequenz
ro'qegh'Iwchab	Rokegianischer Blutkuchen
ruch	vorangehen, fortschreiten
rura'pente'	Rura Penthe
ruStay	Bindungsritual, Blutsbrüderschaft
Sam	lokalisieren, suchen und finden
SIbI'	sofort (Adv.)
Sogh	Leutnant
Soj	Nahrung, Essen
SonchIy	Klingonisches Todesritual für einen Führer
Sov	Wissen, Kenntnis
SuD	spielen, eine Chance wahrnehmen
Sugh	beziehen, einrichten (ein Büro)
SuywI'	Krieger
tagh	Beginn eines Rituals
tagh	initiieren
taH	fortfahren
targh	Schild
tay	Zeremonie, Ritual
tob	prüfen, überprüfen
toD	retten
toDuj	Mut, Tapferkeit
toQDuj	Bird of Prey

totlh	Kommodere
toy´wI´´a´	Sklave
tlham	Schwerkraft
tlhIj	entschuldigen
tlhIlHal	Mine
tlhInIngan Hubbeq	Klingonische Verteidigungskräfte
tlhob	fragen, bitten
tlho´	Dankbarkeit
tlho´	danken
vaj	Krieger
van	Tribut
van´a´	Belohnung
vaq	verspotten, lächerlich machen
vaS	Halle für Zusammenkünfte
vaS´a´	Halle, große
veH tIn	Barriere, Grenze (große)
veqlargh	Teufel, Dämon
verengan	Ferengi (m., f.)
veSDuj	Kriegsschiff
vID	kriegstauglich (sein)
vIH	bewegen, in Bewegung sein
vIt	Wahrheit
vI´	Schiff, scharfschießend
weQ	Kerze
woj	Strahlung
woj choHwI´	Reaktor
wuq	entscheiden über
yagh	Organismus
yaH	fortgenommen, fortgetragen (werden)
yejquv	Oberkommando
´aH	Paraphernalien
´aj	Admiral (m., f.)
´ech	Brigadier (m., f.)
´evnagh	Subraum
´oD	vermitteln
´otlh	Photon
´oy´naQ	Klingonischer Schmerzstock

DEUTSCH – KLINGONISCH

Abfall, Müll	DI
abraten	naDHa´
Admiral (m., f.)	´aj
ähnlich (Adv.)	ghaytan
akkurat, ordentlich (sein)	qar
allein, allein handeln	nIteb
anderer, ein(e) andere	latlh
Arsenal	nuHmey
Auflauf, Kuchen	chab
auseinandernehmen	lagh
Barriere, Grenze (große)	veH tIn
beamen, transportieren	Qol
Beginn eines Rituals	tagh
Beiboot	lupDujHom
Belohnung	pop
Belohnung	van´a´
benehmen, verhalten (wie)	Da
bestrafen	bIj
Bestrafung	bIj
bewegen, in Bewegung sein	vIH
beziehen, einrichten (ein Büro)	Sugh
Bindungsritual, Blutsbrüderschaft	ruStay
Bird of Prey	toQDuj
Botschafter(In)	Duy´a´
Brigadier (m., f.)	´ech

Chirurg(In) • Kerze

Chirurg(In)	HaqwI´
Dankbarkeit	tlho´
danken	tlho´
Datenbank	qawHaq
Ehre	quvmoH
ehren, verehren	quv
einmischen	mun
empfangen	HIj
Empfehlung	naD
entkommen, flüchten	nargh
entscheiden über	wuq
entschuldigen	tlhIj
Ferengi (m., f.)	verengan
Fingernagel	nItlhpach
flach (sein)	beQ
Fleisch, Tier	Ha´DIbaH
fortgenommen, fortgetragen (werden)	yaH
fortfahren	taH
fragen, bitten	tlhob
Frucht, Gemüse	naH
geehrt, verehrt (sein)	quv
Generator	lIngwI´
Geruch	pIw
Gouverneur	qumwI´
grüßen	rI´
Grußfrequenz	rI´Se´
Halle für Zusammenkünfte	vaS
Halle, große	vaS´a´
Heimat (Welt)	juHqo´
herausfordern	qaD
Herausforderung	qaD
heute	DaHjaj
Hilfe, Unterstützung	boQ
Hilfe, Unterstützung	QaH
Initiation, Einführung	muvtay
initiieren	tagh
intensiv (Adv.)	jay´
Kadett(In)	mangHom
Käfer	ghew
Kanzler	Qang
Kerze	weQ

Khitomer • möglich

Khitomer	QI´tomer
Klingonische Handwaffe	betleH
Klingonische Handwaffe	qutluch
Klingonische Unterwelt für Ehrlose	gehe´´or
Klingonische Verteidigungskräfte	tlhIngan Hubbeq
Klingonischer Zeitpunkt der Initiation	nenghep
Klingonisches Jahr der Aufnahme	peHghep
Klingonisches Musikinstrument	chuS´ugh
Klingonisches Ritual	ja´chuq
Klingonisches Ritual der Initiation	nentay
Klingonisches Todesritual für einen Führer	SonchIy
Klingonischer Schmerzstock	´oy´naQ
Kommandant	la´´a´
Kommodere	totlh
Kosmos	ngeHbej
kraftvoll, durch Kraft (Adv.)	pe´vIl
Kralle, Klaue	pach
Kreuzer	qughDuj
Krieg	noH
Krieger	SuywI´
Krieger	vaj
Kriegsschiff	veSDuj
kriegstauglich (sein)	vID
Kronos	Qo´noS
Leutnant	Sogh
loben, empfehlen	naD
Logbuch, Reisetagebuch	jey
lokalisieren, suchen und finden	Sam
loyal (sein)	matlh
Lunge	bIreQtagh
Magnetisches Feld	peQ chem
Magnetismus	peQ
markieren, Ort in Koordinaten angeben	DoD
maskieren, kostümieren	jech
Medaille, Emblem, Symbol	Degh
Meister	pIn´a´
Mine	tlhIlHal
Mittag	DungluQ
möglich (sein)	qIt

Mut • Skalpell

Mut, Tapferkeit	toDuj
Nachfolge, Thronfolge	cho´
nachfolgen	cho´
Nahrung, Essen	Soj
Nein! Ich stimme nicht zu! (Exklam.)	Qo´
Nichtempfehlung	naDHa´ghach
Nimbus III	nImbuS wej
Oberkommando	la´quv
Oberkommando	ra´ghomquv
Oberkommando	yejquv
obsolet (sein)	notlh
Organismus	yagh
Ort, Bereich	Daq
Paradies	QI´tu´
Paraphernalien	´aH
Photon	´otlh
Pipius	pIpyuS
Plan, Vorgehen	nab
pneumatisch	Hergh QaywI´
pneumatisch	HerghwI´
Politik	ngoch
Probe	nejwI´
protestieren	morgh
prüfen, überprüfen	tob
Quadrant	jogh
Rang (milit.)	patlh
Reaktor	woj choHwI´
rekrutieren	ghuv
rekrutieren	muvmoH
retten	toD
Richtung	lurgh
Rokegianischer Blutkuchen	ro´qegh´Iwchab
Rura Penthe	rura´pente´
sagen	jatlh
Schalter	chu´wI´
schätzen, abschätzen	chov
Schiff, scharfschießend	vI´
Schild	targh
Schwerkraft	tlham
Schwester, Gouvernante	ghojmoq
Skalpell	Haqtaj

Sklave • ziehen

Sklave	toy´wI´´a´
sofort (Adv.)	SIbI´
spielen, eine Chance wahrnehmen	SuD
Stab, Offiziersstab	naQ
Strahlung	woj
Subraum	´evnagh
Symbol, Flagge	lagh
Tee	Dargh
Teufel, Dämon	veqlargh
Tod	Hegh
Töten	HoH
Tribut	van
überdenken, in Rechnung stellen	qel
überprüfen, ergebnislos	Daj
unterbrechen	len
unterbrechen, Einfluß nehmen	nIS
Verfahren, Prozedur	mIw
verlassen, abreisen	mej
verlieren	chIl
vermitteln	´oD
verschieden (Adv.)	jaS
verspotten, lächerlich machen	vaq
verwenden, benutzen	lo´
folgen, verfolgen	ghoch
voll, vollständig, ganz (sein)	naQ
vorangehen, fortschreiten	ruch
vorschriftsmäßiges Verfahren	meqba´
vorzuziehen (sein)	qaq
Wahrheit	vIt
Was hast du gesagt? Was? (Exklam.)	nuqjatlh
Weitsicht, Voraussicht	leSSov
Welt, Bereich	qo´
wichtig (sein)	potlh
Wissen, Kenntnis	Sov
Wurm, schlangenähnlich (Nahrung)	qagh
zeigen, vorführen	jIH
Zeremonie, Ritual	tay
ziehen	bagh

TROLLKIND
Citybase

Laden & Versand
Schuhstraße 19
29221 Celle
Tel./Fax (0 51 41) 66 03

STAR TREK
Classic bis Voyager

STAR WARS
The X-Files

Literatur dt. & engl., Bausätze, Poster, Stand-Ups, Videos dt. & engl., Soundtracks, Trading Cards & Card Games (EINZELKARTEN!), Uniformen & Ausstattung...
— TNG-CCG-Liste kostenlos! Gesamtkatalog gegen DM 2,– in Briefmarken! —